懂得提問
改變一生

提問思維

加速自我成長、改善人際關係、
啟動深度思考的18種提問訓練

Thinking Through
Questioning

周真華
·
李恩
·
丘

趙·李·丘
恩 真
華

著

目錄

推薦序 01 ｜ 好的提問，能啟動深度思考 —— 5

推薦序 02 ｜ 提問的力量 —— 8

▶ Introduction

掌握機會提問，就是掌握機會改變

‧ 測試你的提問能力 —— 12

‧ 三種場景 —— 15

‧ 抓住提問機會的「三心」 —— 17

‧ 提升提問效果的「二意」 —— 21

‧ 本書的使用方法 —— 27

▶ Chapter 01

你真的會提問嗎？

01 開放 / 封閉式問題——如何化解令人尷尬的聊天？ —— 32

02 開放式問題線——讓你正能量滿滿，遠離負面焦慮 —— 41

03 蘇格拉底式提問——面對不知道答案的問題，怎麼辦？ —— 51

▶ **Chapter 02**

如何用提問破解人生困境？

04　同理型提問——如何讓受傷的人感受到被理解？ —— 62

05　衝突型提問——被騙了！如何透過提問進行談判？ —— 70

06　焦點討論法——如何舉辦一場有意義的聚會？ —— 79

07　XYZ 自覺表達法——如何化解父母逼婚的難題？ —— 95

08　基本四提問——如何幫助迷失的朋友找回初心？ —— 105

09　欣賞式探詢——如何挖掘他人的「閃光點」？ —— 113

▶ **Chapter 03**

問對這些問題，加速個人成長

10　選擇地圖提問——為什麼別人發展得比我更好？ —— 124

11　GROW 模型——立定了目標，卻總是無法實現？ —— 132

12　正面提問三原則——改變提問方式，就能改變思維模式 —— 142

13　採訪型提問——如何在面試中掌握主動權？ —— 151

14　覆盤——向過去學習，實現複利式的進步 —— 160

► **Chapter 04**

如何透過提問，攻克職場上的難題？

15　SCQA 模型──如何快速挖掘出問題的本質？ ──── 170

16　豐田五問──如何避免重蹈覆轍、一錯再錯？ ──── 179

17　換位思考訓練法──如何站在更高的角度思考問題？ ──── 189

18　迪士尼策略──如何讓工作提案和計畫一次通過？ ──── 198

好的提問，能啟動深度思考

姬十三（果殼網 CEO ／在行創辦人）

　　和趙周見過幾次面，印象最深的是他聊天節奏特別快。回想起來，他不停地在提問，問題一個接著一個。雖然節奏快，卻並不讓人覺得累。

　　我經常接受媒體採訪，其中新手記者的提問往往像是很多條平行線，問題與問題之間沒有關聯。回答這種問題特別辛苦，需要頻繁跳躍思考。訪問結束時覺得表達得不盡興，回答得淺嘗輒止；好多問題都可用「對啊」、「是啊」來解決；有耐心的時候多聊幾句，下一個問題就又得重啟話頭。

　　趙周不是這樣提問的。最初幾個問題看似人畜無害，溫柔幾刀，但你順著他的思路下去，就會被他一步步帶向深處。他的問題是一簇箭頭，一個接著一個，上一個是為了下一個，下一個接著上一個，但這並不讓人覺得累，反而覺得是場盡興、有餘味的聊天，恨不得結束後拿起本子記下自己

的靈光一現、記下自己的深度思考。由此可見，好的提問，能啟發深度思考。

　　拿到本書的手稿後，我明白了他不是稟賦如此，而是有成套的方法論，是深思熟慮的結果。他繼承的是「蘇格拉底式提問」，亦即：認為一切知識均從疑難中產生，愈求進步疑難愈多，疑難愈多進步愈大。知名的美國白宮新聞記者法蘭克‧賽斯諾（Frank Sesno）也認為「提出問題，就已經解決了一半的問題」。通常，我們的問題反映出我們是誰、我們將去向何方，以及我們的溝通方式。問題幫助我們打破障礙，發現祕密，解決謎題，想像新的做事方式，爭取他人的支持，引導我們解決問題。話雖如此，很少人知道該如何有系統地進行有效的提問。

　　2013 年伊始，趙周成立了「拆書幫」，旨在一點一點吸納人們進來讀書、拆書，提升自身的學習能力。從一個人開始，到全中國六十多個分舵，近兩千名「拆書家」，這是個緩慢生長的成人學習和教育基地。其中「提問」，就是他們從拆書到生活實踐的基礎法則。

　　本書源自拆書幫和「在行」[1]的課程合作。在在行的平

1　編注：中國知名線上課程平臺。

臺上，學員可以約見九個城市近兩萬名的行家，與他們一對一見面，溝通學習。同樣的見面時間，有人覺得很有價值，有人卻感覺收穫不大，之所以會有如此大的差異，就在於懂不懂提問，懂不懂用提問把老師「榨乾」。我向所有的在行平臺的學員推薦趙周、李真、丘恩華這三位老師共同撰寫的這本書，因為它為所有向他人請教的情境提供了可行之道。**提問之於人與人之間是交流、之於自己是內省、之於學習是內化。**我相信各位能在本書中找到趙周老師之於以上三點提供的可行方案。

趙周在書中提到，他意識到提問的重要性，是因為十多年前被一位牧師朋友的提問而受到啟發。讀了這本書、學會了提問，你說不定就能啟發下一位朋友學會提問。如果人人都懂得如何提問，我想交流和思考的有效性就可以呈指數級提升了。

提問的力量

黃一琨（資深媒體人／出版人／行距文化創始人）

十多年前，我做媒體記者時很怕參加新聞發布會，因為每到發布會的提問環節，我的很多記者同行接過主持人給的麥克風之後，就把這個提問環節變成了自己的舞臺。他們總是要花上五到十分鐘的時間發表自己的感想，滔滔不絕，以至於主持人不得不打斷和提醒。「你的問題是什麼？」是發布會上常常能聽到的問題 —— 原來，是發布會的主持人不得不問記者們。

記者本是職業提問者，代表公眾去瞭解事情的緣由，向當事人發問，但是我的那些同行卻忘記了自己的職業定位，熱衷於自說自話。一個不會提問的記者不是好記者，因為他缺乏好奇心和探究的精神，以及職業素養，媒體人的公共性在這種人身上很難體現。

最近又有機會看了國內人文學科的一些論文，印象很深

的同樣是：寫作者不會提問。好的學術論文應該有基本的問題意識，再以自己的學科為工具和框架，提出並試著回答一個「真問題」，但很多論文所闡述的問題，或者不是一個真問題，只是已知的重複和詮釋；或者大而無當，是很多問題的揉雜而已。

現在我身處新創公司，也經常感受到提問的重要性。創業者經常處在「不斷提問」和「被提問」的處境中。你需要問自己：「這是你真正感興趣、願意付出努力的事情嗎？這樣的事情真的有價值嗎？」同時，你也會不斷被外界、被投資人問：「你發現的需求是真實存在的嗎？你所做的事情真的能讓這個世界更有效率、更加美好嗎？」

創業過程中除了這些根本問題，還有一些實際的營運問題需要被提出。今天的互聯網創業者都會重視資料的回饋，但正如《精益數據分析》（*Lean Analytics*）一書所說：「人類負責靈感，機器提供驗證」。對收集到的資料進行判斷和分析，這樣的能力固然重要，**但更重要的是決定採用什麼樣的資料、制定什麼樣的資料框架，這才是創業者對所處環境和自身資源稟賦、異象進行評估後要做的事**。很多時候，創業者所強調的資料能力往往說的是第一種，卻忽略了第二種能力可能更基礎，後者主要看的是創業者的靈感或直覺。

今天，所謂「風口」、「賽道」的概念甚囂塵上，很多投資人和創業者熱衷於跟風，卻沒有好好去發現和提出問題，並以此建構好自己的基礎商業模式。

很高興我的朋友趙周和他拆書幫的夥伴寫了這本和提問有關的書。提問是趙周的專長，他大學主修基礎物理，在我看來這個學科就是提問本身——不斷提問，直到宇宙的盡頭，以至於對自己的存在都產生了懷疑。

後來，他成為阿里巴巴集團非常成功的銷售管理者和企業內訓師，在中國企業電子商務的早期階段，他用提問不斷幫助中小企業主發現自身的內在需求。生活中的他，也是個會問很多問題的人，有時候你會覺得他有點炫技，但和他的交談一定不會陷入尷尬，甚至會是有趣味、有溫度、有深度的對話。

我們太多時候在工作和生活中假裝溝通，自說自話，陷入思維和認知的自我封閉中，以致根本不太可能和他人建立起真正開放交流的關係。看到那麼多的人工作多年，提問的水準卻沒有改變，果真驗證了思考能力和人際交往的能力都沒有真正提升過，不禁想，要是更多的人都讀過這本書就好了。

Introduction——

掌握機會提問，
就是掌握機會改變

測試你的提問能力

本書內容源於「拆書幫」與在行知識平臺合作的好評課程。這一課程的學習目標，是培養各位的提問意識、拓寬提問的思路、提高提問的水準，從而達到改善人際關係、提高分析能力、實現自我成長的目的。

如果你對自己的溝通習慣和成效有過一些自省，那麼你可能已經發現懂得提問非常重要；如果你讀過一些談及溝通的文章、聽過一些溝通技巧的建議，那麼你應該也注意到「提問」經常會被提到；如果你已經注意到提問的重要性，也看了一些有關提問的書籍，那麼你也許會發現，有些書雖然講得頭頭是道，卻很難幫助你實際運用。

於是，你感到相當困惑。那是因為很多談提問的書，內容過於專業，更注重研究「提問分類學」，與實際應用之間有較大的落差。

> 提問的品質，決定了人際關係的品質；提問的能力，決定了職場上的能力；提問的水準，決定了思維的水準。

> **為什麼懂得提問很重要？**
>
> 　　好的提問可以讓別人更感興趣，更重視你的話；提問可以引導話題，推動深入交流；精心設計的提問能讓他人更尊重你，重視你的意見，感覺你很專業；透過提問你還可以不斷深入剖析問題的本質，促進自身與他人的成長。

　　我在企業做了多年銷售和管理，之後則一直在培訓部門和成人學習領域工作，深知僅僅曉得分類和原理、僅僅做紙上談兵的練習，不足以幫助我們真正學會並加以應用。

　　所以，我們不研究提問的類型，只分析和研究在各種情況下，如何應用提問達到期望的效果。

　　現在，請大家做個小測試，評估一下自己的提問能力如何。請拿出一支筆，一張紙，回答以下問題後評分。

　　下面的每句話，若完全符合你的情況、你總是如此，請給 6 分；如果完全不符合、你從未如此，請給 1 分；偶爾符合，請給 2 分：

❶ 我的好奇心非常強，足以驅使我經常問問題，比如，我會問空姐為什麼起飛前要拉開遮光板。

❷ 我尊重他人，且其足以勝過我的表現欲和好勝心，因為我發自內心想瞭解別人的想法。

❸ 我不會用反問的方式表達質疑，也從不用質問的方式進行挑戰。

❹ 當我的想法遭到反對時，我總是努力去瞭解對方正確的想法，而不是試圖說服或證明對方是錯的。

❺ 我善於解決問題，因為我總是不斷探究問題背後的假設，直到找到問題的本質。

滿分 30 分，你得了多少分？如果得分大於或等於 22 分，就代表你的提問素質很不錯；如果得分低於 16 分，那麼，希望這個測試結果能幫你瞭解提問的核心 —— 不在於技巧，而在於背後的意識。

> **抓住機會提問，就是抓住機會改變——改變關係（人際關係）、改變自己（自我提升），以及改變思路（問題分析的能力）。**

要想從根本上提升提問意識和提問素質，需要有「三心二意」：關懷心、好奇心、探究心，以及，敬意和刻意。

三種場景

絕大多數未經提問訓練的人，本能是在表達而非提問，而這導致當溝通出了問題、人際關係出了問題、工作和生活出了問題，從而進行自省時往往會想到的，應該是要提升表達能力、說服能力、情緒管理能力，卻想不到應該是要提升提問能力。

> **如果你根本想不到出現問題時有很多提問的機會，想不到透過提問就很有可能扭轉局面，那麼怎麼可能抓住提問的機會呢？**

現在，讓我們思考以下三種場景：

▶ 應該提問的場景一：人際關係

你有沒有相親的經驗？兩個人很快無話可說，你感覺渾身不自在，心中默默祈禱這場會面趕緊結束。又或者，你沒有相親的經歷，但在公司的部門團隊活動時，跟主管坐在一起，找不到可以聊天的話題，長時間的沉默又讓你恨自己怎

麼這麼拙口笨舌？又或者，你很希望找到辦法解決與家人的問題，但你們的談話卻朝著你不希望的方向一路狂奔。你們以前爭論過某件事情，你並不喜歡爭執，但你愈來愈覺得這個問題可能永遠無法解決了。

▶ 應該提問的場景二：自我提升

你打開電腦，卻發現自己最不想打開工作資料夾，因為好多緊急事情都等著你處理。為了擺脫壓力和煩躁，你打開臉書、IG、蝦皮，好讓自己暫時逃避。你覺得自己罹患了拖延症，你覺得自己情緒管理有問題、時間管理有問題、自我管理有問題；你覺得自己需要聽這門課、需要買那本書，卻沒有幫你解決焦慮。於是，你不斷問自己：我到底想要什麼？我到底該朝什麼方向努力？卻始終找不到答案。

▶ 應該提問的場景三：問題分析

你正在和一個潛在客戶談話，覺得自己已經做好了準備，這次應該能成功達成交易，但對方的表現出乎你意料，他問了一些你從沒想到的問題。你努力保持冷靜，維持笑容，絞盡腦汁地回答，但你從他的反應看出來他並不滿意。你不知道問題到底出在哪裡，你不知道該說些什麼，才能把對方拉回來……。

以上這些場景都是提問的好時機。在本書後續的章節都將詳細講解在這些場景中該如何提升提問技巧，如何把表達轉換為提問、把說服轉換為探究、把關注點從自己轉換為對方等，透過抓住提問的機會，進而找到解決問題的方法。

抓住提問機會的「三心」

那麼，如何成為善於抓住提問機會的人呢？我們歸納出以下「三心」。

> **請回答以下問題**
> ・你是否有過在參加會議、講座或與人交談時，心中想的不是「對方是什麼意思」，而是「我等一下要如何回應」？
> ・你是否有過沒等他人把話講完，就打斷人家，急著說你的看法或意見？
> ・你是否有過在與人交流的過程中，發現自己只聽到了問題的後半截，不得不請對方再重複一遍？

一、關懷心

關懷心，意味著把注意力放在別人身上。當你真正關注他人時，就會想瞭解他、瞭解他的想法及其說話背後的感受，從而在理解和同理的基礎上進行溝通。如此一來，能幫助你更易於找到對方內心的需求，而不是根據你的意圖進行

主觀推斷。你能關注到對方真正在乎什麼，對他而言什麼更重要，以及，相對來說什麼沒那麼重要。在此基礎上，你可以利用對方的話，來設計一些針對性的提問。

你的客戶說：「我看不出這個方案對我們有什麼價值。」

你可以抓住他這句話的關鍵字，問：「你們最在乎哪些價值呢？」

同事閒聊時說：「我覺得買不買房，其實不重要。」

你可以問：「對你來說比較重要的事情是什麼呢？」或「你這樣想很不一般呀，為什麼你會有這個想法呢？」

── Point ──────────────────

所謂的「關懷心」是關心對方在乎的事，關心對方期待的結果。

─────────────────────────

二、好奇心

請回答以下問題
- 「魚香肉絲」為什麼叫魚香肉絲，明明沒有魚啊？
- 你吃過「海苔」嗎？海苔是產品名稱（就像餅乾、麵包），還是植物名稱（就像海帶、白菜）？
- 坐飛機的時候，起飛前空姐會要求「打開遮光板」，是為什麼呢？

你可能對以上三個問題司空見慣，從來沒有產生過疑問；或者，更有可能是你在第一次聽到時覺得有一點好奇，但沒有深入深究，之後就不以為奇了，而這種情況叫做「習而不察」。如果這三個問題你都不知道標準答案，那麼就要提醒自己：**習而不察，是提升提問能力的大敵。**

　　小心呵護自己的好奇心，養成對別人習而不察的事情進行提問、探索的習慣。與此同時，一定要在第一次有疑問時就提問，並努力找到答案。

　　「海苔」是一種產品名稱，是由紫菜加工而成的食品。

　　「魚香」是一種料理手法，就像「紅燒」和「清蒸」一樣。魚香肉絲是指用川菜特定的燒魚手法來料理肉絲。

　　至於為什麼要打開遮光板，大家可以自行找一下答案。

　　總的來說，一旦養成了將好奇心放大為行動的習慣，就能注意到別人忽視的細節，進而有更多機會發現他人沒能發現的問題、想到他們沒能想到的方案，從而得到他人的認可和尊重。

Point

如何擁有抓住提問機會的「好奇心」？要點是在他人不注意的地方有所覺察，並把好奇心強化為持續的行動。

三、探究心

請回答以下問題

· 如果有人問你「如何提升英語閱讀能力？」你會直接回答他，還是追問他真正的目的是什麼？

· 如果有人說他想辭職，而你知道他最近一年已經換了三份工作，那麼你會建議他再做一陣子，還是問他對這份工作不滿的原因，以及這不滿背後的本質問題是什麼？

每位善於從經驗中成長的人都知道，生活中遇到的絕大部分問題，都不是表面看來的如此簡單；工作中遇到的絕大部分需求，其背後都有沒說出來的動機或目的。

一般人在遇到問題時，第一反應往往是「該如何解決這個問題」，而真正有經驗、善於思考的人會刨根問底，藉由提問，像剝洋蔥般追問問題的本質；藉由提問，耐心瞭解對方需求背後的動機。

所謂的探究能力，是分析問題、解決問題的核心技能。本書相關章節會談到如何透過提問深入探究和分析問題、透過提問鍛鍊顧問式思維的方法和思路。

— Point

要抓住提問機會的「探究心」，關鍵是對第一反應說「不」，並刨根問底，以直達問題的本質。

提升提問效果的「二意」

我五、六歲時，每年暑假都會被送回老家。在老房子的後面，有一片鎖起來的園子，因為根本進不去，所以那片園子對我來說就像不存在。直到有一天，哥哥帶著我爬上一棵歪脖樹，跳上牆，再翻進園子——一片新天地就此打開了，從此，我每天都爬過去玩。

與此雷同，當我們有了關懷心、好奇心和探究心這「三心」之後，就會發現眼前彷彿開闢了一片新天地，以前根本沒有想到的、原來可以提問的機會有那麼多啊！不過，提問本身並不是目的。提問能力之所以重要，是因為它可以給我們帶來許多好處。多抓住機會提問，多練習，才能進一步改善人際關係、自我提升和分析問題等各方面的能力。

為此，用「三心」抓住提問機會之後，還要用「二意」來提升提問效果。什麼是「二意」？一個是「敬意」，另一個是「刻意」。

"

所謂的敬意，意味著提問的時候，內心是尊重對方的。

"

一、帶著敬意去提問

尊重他人，首先是尊重他人的智力。很多時候，人們在遇到不同意見時會提問，但提的問題往往是以下這樣的：

「你怎麼能這麼想呢？」

「難道你就沒有考慮過意外情況嗎？」

「萬一失敗了，你負責嗎？」

這些質問和反問，雖然也是用升調和問號來結尾，但本質上是一種強烈的表達，而不是帶著尊重的提問。這樣說話時，你的內心是在貶低對方，你覺得對方思考沒有你周到、見識沒有你廣博，或者動機沒有你公平，而這些都是不尊重對方智力的表現。

反之，如果你發自內心尊重對方，就不會這樣問。你會想，他很聰明啊，也很有經驗啊，為什麼他的想法和我的差別這麼大呢？心懷這樣的敬意會促使你用更耐心、更好奇的方式向對方提問。

尊重他人，其次是尊重他人的選擇標準。你的朋友要換一輛新車，是買福斯 Passat 或買豐田 Camry，這是選擇，而做出這個選擇背後的邏輯，是「標準」。例如，他最看重安全，其次看重保值，然後才看重技術性能，最終才是外觀。

這是他的選擇標準。

當我們著眼於選擇時，往往各執一詞，然而著眼於選擇標準，就容易開放地進行探討。尊重對方的標準，意味著你要去詢問他是從哪些方面來考慮這件事，或者，他做這個選擇時會考慮哪些因素。

--- **Point** ---

帶著敬意去提問，首先要做到不質問、不反問；然後追問對方到底是怎麼想的，是什麼導致彼此的想法會有這麼大的落差；最後，還要關注對方的選擇標準。

二、帶著刻意去提問

> 66
> **刻意，是順其自然的反面。**
> 99

很多人溝通能力很差，卻瞧不起一切溝通技巧，將其輕蔑地斥之為「套路」，還自詡「我這人就是直腸子，想到什麼說什麼」。殊不知，有效的溝通都是要準備的，「刻意」和「真誠」並不矛盾，尤其在提問技能這方面。我們之前說，人類的本能是表達而不是提問，換言之，如果不做準備，臨

時想到的提問效果就會很差。

比如，管理者有一項很重要的管理工作，是跟下屬進行一對一的談話。沒有準備的管理者，會在一對一談話時隨意問幾個問題，然後很快進入主題。

主管：最近工作壓力大嗎？

員工：還好。

主管：加班多嗎？

員工：老樣子。

主管：家裡都好嗎？

員工：都好。

主管：有什麼話想對我說嗎？

員工：沒有。

主管：那你對自己這季的績效滿意嗎？

上述提問，並沒有經過充足的準備，所以無法達到好的效果。仔細掛酌，會發現這裡用的大都是封閉式提問，而這類問題讓對方沒什麼話好說。在我看來，每位管理者都要刻意準備跟下屬一對一談話時要問的問題。

除了管理者與下屬的對談應該要刻意準備外，假設你要去相親，出門之前除了好好打扮，還要好好準備一些可以

問對方的問題，如此一來，能快速判斷是否能走到下一步；去求職面試，除了準備要講什麼實例來凸顯自己的能力，還應該好好準備一下要問面試官什麼問題，如此一來，能讓對方感受到你的專業度。

當然，要想做到這一步，要有關於提問的充足知識涵養，比如：能區分封閉式問題和開放式問題、遇到反對時知道要準備哪些問題、需要表達不滿時應該準備哪些問題、希望促進緊密關係時提什麼樣的問題效果最好等，有了提問的方法論和知識涵養，才能在需要時擇優選用，不慌不忙，遊刃有餘。

帶著刻意去提問，還可以作為敏感問題的「緩衝」。有時，僅僅是提問本身，就已經讓對方不開心，對方可能會想：「你在這時問這個問題，是不是不信任我？是不是有其他意圖？是不是等著在我說完後指責我呢？」敏銳的溝通者會在提出這類問題前「緩衝一下」，也就是先解釋「我為什麼要問這個問題」。

如何帶著刻意提問？首先要刻意準備，其次是問敏感問題前要緩衝一下。

有敬意,有刻意,你的提問效果就會大為不同。

抓住機會提問就是抓住機會改變,你可以用關懷心、好奇心和探究心來抓住提問機會;用敬意和刻意來提升提問效果,你會發現一片新天地。提問不僅是一個習慣,更是一門學問,而這門提問技能的學問,是很實用的。掌握提問的學問,能幫你在改善人際關係、提高分析問題能力、自我提升等方面攻城掠地,連連得勝。

總之,提問的品質決定了人際關係的品質,提問的能力決定了職場能力,而提問的水準決定了你的思維水準。

請帶著以下三個問題，翻開這本書

· 建立並維持良好關係的能力，對你來說意味著什麼？

· 如果分析問題的能力得到提升，能為你帶來多少價值？

· 你願意為提升自己的提問技能，做些什麼？

本書的使用方法

在閱讀本書時，建議讀者使用拆書幫獨創的「RIA 便箋讀書法閱讀」，將學到的知識「拆為己用」。這裡的「拆」，不是「拆散」而是「拆遷」的意思。我們經常在路邊磚牆上看到的帶個圈的「拆」字，其實重點不是把那房子拆了，而是要在那裡蓋上新房，因為只有建起新房子才能產生價值，為開發商、購房者和拆遷戶帶來利益。

「拆為己用」是一種轉化和內化，意思就是強調要讓讀者把書中的知識片段轉化為學習者自己的能力。簡言之，RIA 便箋讀書法是拆書幫學習方法論的核心。那麼 RIA 分別代表什麼意思呢？

· R：閱讀（Reading）

· I：重述（Interpretation）

· A：拆為己用（Appropriation）

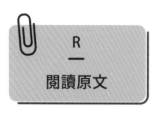

我們讀書時遇到精彩段落，會心有所動，會畫線、摘錄、轉發等，而閱讀原文，是獲得書本知識精華的首要任務。

在閱讀本書時，請將那些打動你的段落，用自己的話語簡要重述相關內容，也可匯總自己得到的啟發、有價值的提醒，這就是 I 便箋。寫好後，請貼在相應的頁面。

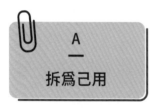

採用便箋讀書法是對所讀書中的知識片段進行分析、研究和運用（我們稱之為「拆解」），最終將書中知識片段轉化為學習者自身的能力。在「拆為己用」這個部分，有多個拆解面向，本書主要採用「A1 反思經驗」和「A2 規劃應用」。

反思經驗，指向過去：A1 便箋代表反思經驗。針對書中的某些內容，問問自己是否聽過，或者見過類似的事情、有沒有相關經歷或經驗。如果有，就將內容寫在一張 A1 便箋上，並貼在 I 便箋旁邊。

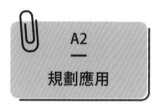

規劃應用，指向未來：A2 便箋代表規劃應用。規劃如何應用時，盡量先考慮應用的目標，再寫下欲達到目標應執行的行動計畫。將內容寫在 A2 便箋上，並貼在 A1 便箋旁邊。

　　在本書的各單元結尾都有「拆為己用」的段落，其中會標示出 I 便箋、A1 便箋、A2 便箋的提示，強烈建議讀者依指示閱讀本書，方能真正將書中的知識「拆為己用」。

　　最後，本書由趙周、李真、丘恩華三人共同撰寫，其中，趙周撰寫 Introduction、單元 1、單元 3、單元 7、單元 12、

單元 16；李真撰寫單元 6、單元 10、單元 11、單元 13、單元 15、單元 18；丘恩華撰寫單元 2、單元 4、單元 5、單元 08、單元 9、單元 14、單元 17。書中的第一人稱「我」，指的是相應單元的作者，特此說明。

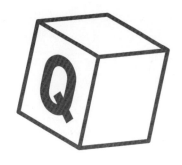

Chapter 01——

你真的會提問嗎？

1 開放 / 封閉式問題

如何化解令人尷尬的聊天？

網路上有一副對聯，如此描述久未聯繫的兩個人在社群上的聊天過程。

上聯：在嗎？在幹嘛？最近怎麼樣？

下聯：嗯在，沒幹嘛，都還不錯，你呢？

橫批：呵呵。

為什麼會出現這種令人尷尬的聊天場面呢？因為提問者缺乏對溝通本質的瞭解，也缺乏對人際關係的瞭解。

人際關係是單向的還是雙向的？是雙向的。一個有效的溝通應該是單向的還是雙向的呢？也是雙向的。那麼，表達和提問，哪個是單向的？哪個是雙向的？

答案是「不一定」。若是有準備的表達，可能就是充分考慮過對方興趣，因此是雙向的；反之，沒有準備的提問，就可能無法引發互動，因此是單向的，正如上述對聯中調侃的那樣。

我看電視時喜歡看體育頻道，但跟許多人的關注點不一樣，我特別喜歡看記者採訪運動員。

記者常見的提問方式

· 這是你的第二屆全運會了，你對這個證明自己的機會，是不是等了很多年？
· 之前訪問過你，我說你一定要拚，你今天拚了嗎？
· 比賽的最後，A 球隊的隊員不斷犯規，你是否覺得 A 球隊有 12 個人在比賽？
· 你取得這樣的成績，最想感謝的是國家還是父母？

你覺得這些記者的提問，有什麼問題呢？他們雖然在提問，但所提的問題都可以用一、兩個簡單的詞來回答，很多時候答案已經在提問之中，回答者只需要選其一就可以了。這樣的提問，叫作「封閉式提問」（提出的是封閉式問題）。對於封閉式提問，回答者往往可以用「是不是」、「對不對」、「行不行」、「前者或後者」來回答。

與此相對，開放式提問就像是一道作文題目，而不是選擇題或填空題。一般來說，用「如何」、「怎樣」、「為什麼」、「有什麼看法」所引發的提問，屬於「開放式提問」（提出的是開放式問題）。面對開放式提問，回答者需要思考和解釋。

這兩種問題的差異，對實際溝通有很大的影響。美國心理學家史考特·普勞思（Scott Plous）在其著作《決策與判斷》（*The Psychology of Judgment and Decision Making*，直譯）中提到，他和心理學家舒曼（Lee S. Shulman）曾做過這樣一個實驗，他們請一些人回答一個問題：「當前我們國家面對的最重大問題是什麼？」

其中，他們以開放式問題問一部分的人，另外一部分的人，則改以封閉式的問題提問。結果發現，僅僅是提問方式的轉換，就大幅影響了調查的結果。

以下，請各位來做一個小小的造句練習。

造句練習 ❶
請依以下要求在兩秒內造句。不用寫，念出來就可以了。
‧ 請用「成長」這個詞，造個句子。
‧ 請用「關係」這個詞，造個句子。

我猜一下，剛才這兩個句子，你造的都是陳述句，對不對？在一些課堂上我發現，如果我讓十個人造一百個句子，在不加提醒的情況下，會有九十多句都是陳述句。這說明了提問不是我們的習慣，我們的本能反應都是表達。

現在，我們再來做一次造句練習。

造句練習 ❷
・請用「能力」一詞，造一個疑問句。
・請用「分析」一詞，造一個疑問句。

現在來看一下，你剛才造的兩個疑問句，使用的是封閉式提問？還是開放式提問？

同樣地，在沒有提示的情況下，80% 的人造的都是封閉式的問句。例如：

「你覺得我的能力強不強？」

「你分析過那件事嗎？」

「你想不想提升問題分析能力？」

這個小練習想要說明的，就是大部分人其實都不愛提問，且在被要求提問時大部分人的第一反應，通常是使用封閉式提問。話雖如此，這並不是說封閉式提問一定不好，封

圖 1　不再成為句點王，善用提問與人聊天聊不完

閉式提問和開放式提問各有其特點和用處，善於提問的人，會根據溝通目的來選擇提出什麼樣的問題，而未掌握這項技能的人，則憑著本能去說、去問。

在一對多的時候（比如演講和課堂等場合），封閉式提問更有利於引發快速的互動，因為演講需要的不是深度交流，而是即時互動。在這些場合，使用開放式提問反而容易造成場面和時間失控。

從開頭提到的社群上那種令人尷尬的聊天場景中，我們不難發現發起聊天者期望的效果是愉快的交流，但尷尬的是，雙方都沒有進入深度交流的能力（也可能是一方沒有這個意願）。那麼，遇到這種情況時，該怎麼辦呢？

　　❶ **提問的方向要是對方熟悉的話題**，而不是自己熱衷的話題，這樣對方才有話好說，有話想說。

　　❷ **提問要具體，不要過於空泛。**問得太空泛，對方就會感覺無從說起，以致只能簡單的概略回應，然後兩人就無話可說，句點了。

　　❸ **要多提開放式問題。**太多封閉式問題會導致談話枯燥，對方甚至可能會感覺自己在接受審訊或盤問。與此相對，開放式提問不是一、兩個詞就可以回答的，它會令對方感覺到你對他說的話很感興趣，想瞭解更多。

> 　　**促進人際關係的提問技巧之一，是就對方比較熟悉的話題，提出一些具體的開放式問題。**

開放式提問範例

・「上次你說你父親住院了，現在怎麼樣了？」
・「那件事那麼難，你是怎麼做到的？」
・「關於……你最喜歡什麼？」
・「我有個某方面的困惑，知道你在這方面很有經驗，所以想聽聽你的意見。」

　　總之，提問前要有區分封閉式提問和開放式提問的意識，還要能刻意扭轉只是表達或只提封閉式問題的習慣。在希望促進人際關係的場合，可以就對方比較熟悉的話題，提出一些具體的開放式問題。

拆為己用

重述內容

你如何理解「開放式提問」和「封閉式提問」各自適用的
情況和場景？找一個人口述分享你的理解。

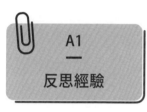

反思經驗

你最近有過與他人進行一對一交談的場合嗎？比如：面試、
相親、老友重逢、績效評估會議等。回想一下，當時你提
過哪些問題，寫下來，並一一標示它們分別屬於開放式提
問還是封閉式提問。

_____

_____

_____

_____

A2

規劃應用

情境題：你和久違的國中同學見了面，以前你們的關係很好，只是後來比較少聯絡了。這次，你們一起約吃飯，在吃飯聊天的過程中，以下哪些話是比較妥當的：

A. 聽說你嫁入豪門了呀！是不是都快忘記我們這些窮朋友啦？

B. 你現在一個月收入多少錢？

C. 我看你在社群上經常 PO 你家小孩的照片，好可愛！你家小朋友都喜歡什麼呀？

D. 這些年來，你有沒有偶爾會想起我？

E. 這幾年發生了什麼事，讓你換到現在這份工作的？

參考答案：C、E

2 開放式問題線

讓你正能量滿滿，遠離負面焦慮

　　在生活中，我們每個人總有焦慮或傷心難過的時刻。有的人在焦慮時，會一直在焦慮中打轉；在傷心時，會一直在傷心的情緒裡徘徊。焦慮、傷心、失落……這樣的情緒，像黑洞一樣吸掉我們的正能量，讓我們消磨光陰，碌碌無為。

　　這些我們討厭的負能量狀態，有可能是因個人行為所致，而影響行為的是個人習慣；至於個人習慣，則是由思維意識所決定。

心態思維出了問題，就可能導致我們陷入負能量狀態的惡性循環。

我有一個朋友，從昆明來到廣州。面對廣州的高房價，開始只是有一點點焦慮，後來房價愈來愈高，他的焦慮也愈來愈大。其次，加上新環境的適應問題，以及新工作的挑戰等，他的焦慮情況愈來愈嚴重，最後演變成巨大的心理壓力，持續了半年之久。更糟糕的是，這種烏雲密布的負面情緒，就像是會傳染一樣，也影響到了家人——他開始和伴侶鬧脾氣。心情很糟時，他就覺得自己做了錯誤的選擇，陷入了負能量的黑洞中。他該怎麼辦呢？

當我們陷入焦慮時，該如何才能轉換思維模式，快速從黑洞般的惡性循環中走出來呢？我們可以使用開放式問題線模型[1]，如圖 2 所示。透過高品質的提問來轉換思維模式，快速將負面情緒轉變為正面情緒。

這個開放式問題線模型，呈現了提出開放式好問題的參考座標，讓我們能快速完成從封閉、負面、過去導向的思維，朝向開放、正面、未來導向的思維轉變。

開放式問題線模型是一個橫向座標，左右各有一個箭頭。左邊的箭頭，指向的是封閉、負面、追究過去和原因。當我們的思考停留在這裡時，腦子想到的都是消極、負面、

1　引用自《被賦能的高效對話》（*Art and Science of Coaching: Step-by-Step Coaching*），瑪麗蓮·阿特金森（Marilyn Atkinson）著，楊蘭譯（北京市：華夏出版社，2015 年）。

圖 2　用線性思維，問出更開放的好問題

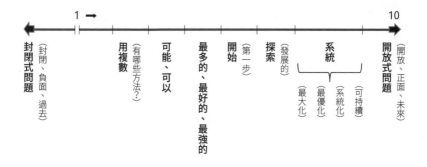

糟糕的資訊。右邊的箭頭，指向的是開放、積極、探索未來和可能。當我們的思考停留在這裡時，腦子想的都是積極、正面、美好的事情。

　　從左邊到右邊，就是從封閉、負面、過去的思維轉向開放、正面、未來的思維。這個思維打開和轉變的過程，從負數，到 1 分，再到 10 分。至於如何轉變呢？可以藉由提問引發思考的方式來實現。

　　開放式問題線模型可以歸納為「七步提問法」：0 負面 → 1 正面（封閉）→ 2 開放 → 3 複數 → 4 可能性 → 5 聚焦 → 6 動態 → 7 系統思考，從左到右，逐漸調整提問的方式，能讓問題達到最大的開放程度。以下，我們以前述提到的那位因高房價而焦慮的朋友為例，看看如何應用開放式問題線模型來完成他的思維轉換。

假設問題的主人公是我，當我為房價上漲而焦慮時，我在內心問自己的問題可能是：

「好失敗啊，為什麼我連個房子都買不起啊？」

問自己這樣一個負面問題，會讓整個人立刻陷入焦慮甚至自責的情緒中。對照開放式問題線，可以發現，這個問題在問題線座標的最左端——指向過去，是典型的負面問題。生活中的很多負面問題，本質都是這個問題的放大或縮小版。很多人之所以陷入失落和迷惑中，往往就是被這類提問所困擾。這時我們容易關注的是負面資訊，「為什麼……因為……」的表述，聚焦在原因和過去，是封閉的自責思維。那麼如何用開放式問題線，讓我們的思維乃至行動發生逆轉的改變呢？

第一步，將負面問題調整為正面問題。負面描述或提問往往表達的是「我不想要的」。轉化方法就是表達「我想要的」，而非「我不想要的」。

我不想「失敗和買不起房」，我想要「成功買得起房」。所以，問題就可以這樣進行轉化：

「有沒有辦法讓我可以成功買得起房呢？」

如此一來，問題就從負面轉化為正面，變成了一個正面

表述的問題。對比剛才的負面表述，這個問題的方向從向左變成了向右，到了提問線上1的位置──轉化後的正向描述，讓人的能量指數一下子就轉入了正能量階段。

　　第二步，讓問題由封閉式變成開放式。在轉化後的提問中，「有沒有辦法」是一個封閉式的提問，它只有二元的答案，從而會限制我們的思考空間。所以，我們需要讓問題由封閉式變成開放式。具體方法就是採用「如何」、「還有哪些」、「怎麼樣」……這類用來表達開放式的詞彙。

　　針對剛才的問題，可以這樣轉化來得到開放式的問題：

　　「我如何才能買得起房子呢？」

　　我們會發現，這時問題從之前關心自己的失敗，變成聚焦於如何解決問題。

　　前面兩步驟的重點，第一步是進行正面轉化，第二步是從封閉轉化到開放。這非常值得我們反思。我們可以留意一下，自己平常有哪些負面、封閉的表達習慣，比如：

　　「為什麼我做不到？」

　　「為什麼這麼難？」

　　「為什麼總是被傷害？」

　　請務必仔細覺察，並記下這些不好的思維習慣，作為轉

化的刻意練習。

　　第三步，採用「複數」提問，打開思維的空間。具體作法是在提問中加入詢問數量的詞語，比如：有哪些方法、哪些措施、哪些管道……。

　　「我有哪些辦法可以提升經濟能力來買到房子？」

　　第四步，用「可能性」提問，打開發散式思考的空間。具體作法是在描述中加入「可能」、「可以」這類詞彙，讓我們得到更多可能的、不設限的答案，比如：

　　「有哪些方法，可能讓我提升經濟能力買到好房子？」

　　現在我們發現，經過以上步驟進行轉化之後，問題愈來愈開放了。

　　第五步，讓問題聚焦。具體作法是加入「最多」、「最好」、「最強」等詞彙進行聚焦，讓問題具有更大的能量。

　　「哪個方法最能讓我有效提升經濟能力來買到房子？」

　　開放後重新聚焦的問題，會帶來更大的思考能量。

　　第六步，聚焦後加入動態的力量。意思是，為靜態問題加上動態——使用動詞，如「開始行動」、「持續改進」、「持續展開」、「不斷創造」等詞彙，目的是要讓問題和行

動結合起來。

「我現在可以持續展開哪些最有效的行動，以提升經濟能力來買到房子？」

加入代表行動的詞彙，將人的思考引導到如何行動上，使提問變得更有指導行動的力量。

第七步，讓問題上升到系統思考。最後一步，透過系統性思考，把提問的主題與時間、空間和身邊的人結合起來。

「我可以持續展開哪些最有效的行動，來大幅提高我的經濟能力買到房子，給家人一個幸福的家？」

當我們的思考和家人連在一起時，會發現這個問題帶有強烈使命感的力量，這時，提問的思維達到了接近 10 分的開放度。

透過前面的七個步驟，我們的問題完成了神奇的思維轉化。從最開始的：「好失敗啊，為什麼我連個房子都買不起啊？」這個封閉、負面、追究過去原因的問題，轉化為積極、富於使命感的成果導向問題：「我可以持續展開哪些最有效的行動，來大幅提高我的經濟能力來買到房子，給家人一個幸福的家？」

由此可見，藉由開放式問題線座標的七步提問，可以

使問題發生根本性的變化。更重要的是，由於思維方式的變化，我們的能量、注意力也都將產生重大的變化。

── **Point** ────────────────────────────

問題線模型七步提問法：0 負面→ 1 正面（封閉）→ 2 開放→ 3 複數→ 4 可能性→ 5 聚焦→ 6 動態→ 7 系統思考

- STEP 01：將負面問題調整為正面問題。
- STEP 02：讓問題由封閉式變成開放式。
- STEP 03：採用「複數」提問，打開思維的空間。
- STEP 04：用「可能性」提問，打開發散式思考的空間。
- STEP 05：讓問題聚焦。
- STEP 06：聚焦後加入動態的力量。
- STEP 07：讓問題上升到系統思考。

────────────────────────────────────

　　當我們陷入焦慮、失落等負能量旋渦時，可以不斷轉化提問方式，讓自己切換思維模式，打開內心，將負面思維轉化為積極正面思考，從而快速遠離焦慮，正能量滿滿。這是一個非常有效的提問模型，我們可以透過刻意練習，讓自己養成積極正向的思考習慣，真正成為一個由內向外充滿正能量的人。

拆為己用

|
重述內容

請嘗試用自己的話語複述開放式問題線模型的應用步驟，並用畫圖的方式，畫出開放式問題線模型。

A1
反思經驗

以下哪些問題的描述方式是指向正向成果：

A. 為什麼我的寫作能力無法提升？

B. 我如何成為幽默達人？

C. 有什麼方法可以幫助我成為一位投資家？

D. 我為什麼總是患得患失？

參考答案：B、C

A2
規劃應用

參考下文提供的負面思維的問題案例，進行對照反思，選擇自己最常見的問題，再用「問題線模型七步提問法」將其轉化為開放、有力量的提問。

- 為什麼我上臺總是容易緊張？
- 為什麼我總是很容易情緒不穩？
- 為什麼我總是在選擇時猶豫？
- 為什麼我很難交到朋友？
- 為什麼我的工作表現得不到老闆的賞識？

3 蘇格拉底式提問

面對不知道答案的問題，怎麼辦？

　　十多年前出於一些考慮，我和妻子覺得移民澳洲會是個不錯的選擇。當然，是否移民是很重大的決策，會影響人生規劃和方向，所以，我們做了很多研究。

　　我們諮詢了幾個移民顧問，他們眾口一詞，擺事實講道理，說現在是移民的最好時機。然而，我覺得不能全然相信他們，就像你在任何時候去房仲公司，他們都會跟你說現在是買（賣）房的最好時機。

　　我們諮詢了一些移民的朋友，覺得他們應該能用親身經歷告訴我們該如何選擇。可是沒想到，有人把國外生活講得像天堂，勸我們如果有可能辦就趕緊辦；但也有人嘆氣說如果能重來一次，他絕對不會跑到國外去……；還有一些親

友，並不瞭解海外和移民的情況，但聽說我們的想法之後，他們也熱心地出主意，說什麼的都有。

但你知道嗎？最終對我們幫助最大、讓我們下定決心的，居然是一位根本沒有移民經驗的朋友，他是一位牧師。當我和妻子與他聊起，我們在為如何選擇感到苦惱時，他沒有提出任何建議，只是問了一些問題，而這些問題促使我們思考：如果順利移民之後會發生什麼，我們需要考量的要素有哪些、各自權重如何（比如，移民對養育孩子有利，但對孝敬父母有損，那麼我們認為哪個更重要些），以及我們真正想追求的是什麼、我們的快樂來自哪裡……，最終，我們決定放棄移民的想法。

我非常感謝那位牧師。如果不是他促使我想清楚了什麼最重要，我能確定的是，現在就不會有拆書幫了。在這件事情上，對我們幫助最大的人，其實並沒有給我們建議，他自己也沒有經驗，只是向我們提出了一些問題。

你有沒有類似的經驗，就是當你尋求他人建議時，**最終給你幫助最大的人，往往不是給你標準答案的人，而是啟發你深入思考的人**；前者的表現主要是表達，頭頭是道地講著他的觀點，而後者的表現主要是提問，循循善誘促使你自己想明白。前者是聰明，後者是智慧。

如果要排一下古往今來最有智慧的人，不論誰來提名，前五名當中一定會有一個名字，那就是古希臘哲學家蘇格拉底（Socrates）。他的溝通技巧深植人心，幾千年來人們都用「蘇格拉底式提問」來描述這種溝通技巧。

現在，來看看蘇格拉底的學生色諾芬（Xenophanes of Colophon）是如何記錄他老師的提問和方法。以下，引自色諾芬的《回憶蘇格拉底》（*Memorabilia*）第四卷第二章。

（在兩千四百多年前的雅典，蘇格拉底問他的學生尤希迪莫斯〔Euthydemus〕，什麼是正義。學生說，不虛偽就是正義。）

蘇格拉底說：「如果他在作戰期間欺騙敵人，怎麼樣呢？」

「這也是正義的。」尤希迪莫斯回答。

「既然我們已經這樣做了，我們就應該再給它畫個分界線：這一類的事，做在敵人身上是正義的，但做在朋友身上，卻是非正義的，對待朋友必須絕對忠誠坦白，你同意嗎？」蘇格拉底問。

「完全同意。」尤希迪莫斯回答。

蘇格拉底又問道：「如果一個將領看到他的軍隊士氣消沉，就欺騙他們說，援軍快要來了，因此，就制止了士

氣的消沉，我們應該把這種欺騙放在兩邊的哪一邊呢？」

「我認為應該放在正義的一邊。」尤希迪莫斯回答。

「又如果一個孩子需要服藥，卻不肯服，父親就騙他，把藥當飯給他吃，而由於用了這欺騙的方法竟使兒子恢復了健康，這種欺騙行為又應該放在哪一邊呢？」

「我想這也應該放在同一邊。」尤希迪莫斯回答。

蘇格拉底又問道：「你的意思是，就連對於朋友，也不是在無論什麼情況下都應該坦率行事？」

「的確不是，」尤希迪莫斯回答，「如果你准許，我寧願收回我已經說過的話。」

注意到蘇格拉底的做法了嗎？提問，且是連續、深入地提問，不是為了說服對方，而是為了促使對方把問題思考得更深入、更全面。

> 蘇格拉底被尊崇為兩千年來最偉大的哲學家，其地位不在於他給了人們多麼偉大的答案，而在於他多善於提問。

兩千多年來，很多有智慧的人都從蘇格拉底那裡學會了

這個技巧。英國管理學家查爾斯‧韓第（Charles Handy），在管理學界被公認是和奧地利管理學家彼得‧杜拉克（Peter F. Drucker）齊名的大師級人物。

查爾斯‧韓第曾經在牛津大學讀哲學。韓第自己說，他從蘇格拉底那裡學到了提問的技巧，他說：「我們不提供建議，只是不停地問為什麼。這十分有助於人們澄清自己的觀點。這是我從蘇格拉底那兒學到的。」

提問也是一種諮詢

有一家大企業的高層主管邀請韓第，為他們公司進行諮詢，且費用非常高。但沒想到韓第並不給他們什麼建議，而是問了他們好多問題[2]：

「你為什麼要採用這個戰略？」

「是因為它能給我們的投資帶來最佳回報。」

「為什麼你把投資回報當作最重要的標準？」

「因為投資者希望如此。」

「為什麼投資者是你做決策的唯一考量？」

「因為商業就是這樣？」

「為什麼商業就是這樣？」

……

---

2 《思想者》（*Myself and Other More Important Matters*；繁體中文版為《你拿什麼定義自己？》），查爾斯‧韓第著，閻佳譯（杭州：浙江人民出版社，2012 年）。

感受到了嗎？在這裡，查爾斯‧韓第不是提出建議，而是提出問題，促使他人自己把事情想清楚。

一方面，要做到「蘇格拉底式提問」很難，因為人的本能不是提問而是表達；另一方面，要做到「蘇格拉底式提問」也很容易，因為你不需要在該課題上經驗豐富、見解獨到，只要會巧妙地提問就可以了。

對此，下次有朋友、同事來找你諮詢建議，不妨就嘗試使用蘇格拉底式提問來幫助他。那麼，具體來說要怎麼做呢？首先，克制表達的本能。起碼在對話的前半段，不要說自己的觀點，不要給對方提建議。然後，用封閉式提問與對方確認主題。比如：

「你是沒想好到底要不要考研究所，對吧？」

「現在的主要問題是想轉行，又不知道該怎麼轉？」

「所以你覺得，即使不原諒他，也不能就這麼離了；又或者原諒他，你又不甘心，是嗎？」

接著，表明自己也不知道答案，但願意陪著對方聊。蘇格拉底就是這樣做的，他會先說：「關於這個課題我其實沒想好，所以我來請教你。」如果不表明自己其實沒有答案，而是暗示對方你知道應該怎樣做，只是故意不說，那溝通的

圖 3　採用蘇格拉底式提問的三步驟

Step1：先用封閉式提問與對方確認問題。
Step2：表明自己也不知道答案，但願意陪著對方聊。
Step3：連續向對方提問（開放式或封閉式問題皆可），
　　　　逼著對方自行發掘未解之處。

味道就不對了。

最後，連續向對方提問。這時，你提的是開放式還是封閉式的問題並不重要，重要的是你的提問要有洞察力。常見的提問有以下這些方向：探究他背後的假設、探究他自己還沒想明白的標準、提醒他還沒有考慮到的情況，以及逼著他自己去發現細微之處。

有一位北京的拆書幫夥伴跟我說，他最近很苦惱，因為看不到出路，除非娶個「白富美」，不然是別想在北京

買房了。他爸媽勸他回老家（老家是個四線小城市）。但真要回去，他又不甘心。他問我該怎麼辦。

我說：「我知道你現在很難受，但我不知道該怎麼辦。」接著，我問他：

「你不甘心回老家的原因是什麼？相比之下，你覺得老家沒有而北京有的那些事物，你現在善加利用了嗎？」

「你理想的未來是怎樣的？如果那些目標都實現了會怎麼樣呢？」

「你要選擇繼續在北京打拚還是回老家，你都看重什麼？收入、機會、朋友、家人、環境、子女教育、資訊……，如果把這些選項排序一下，你會怎樣排？為什麼這麼排？」

「有沒有人之前跟你一樣有類似情況，他們都是怎麼選擇的，他們對自己的選擇有哪些滿意的地方，哪些不滿意的地方？」

「如果一切都不改變，未來五年的你，可能在做什麼？」

「如果你有機會跟五年前的自己說句話，你會說什麼？」

……

就這樣，我們聊了有一個多小時，但其實主要都是他在說。我只是看著他的眼睛，問了這些問題。

當時他沒有做出決定。他說很多問題他自己也還沒有想清楚。

三個星期後，他寫了一封信給我，是手寫的信，說他決定至少在北京多待三年，同時做一些改變：多參加一些正能量的社群活動，跟幾位師友探討自己的職業目標，有針對性的設計學習計畫。

他說謝謝我。

我說，你還可以謝謝蘇格拉底。

不必有正確答案，也無須經驗豐富，你也可以透過蘇格拉底式提問促使對方自己想清楚，而這樣的溝通技巧會大幅增加你在人際關係中的價值。

Practice

—

拆為己用

ㅣ

重述內容

請用自己的話語解釋一下，什麼是「蘇格拉底式提問」。

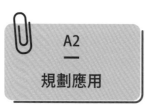

A2

—

規劃應用

請判斷以下三種情境中哪個適用「蘇格拉底式提問」，並
思考一下在該情境下你會如何提問。

  A. 女友說有一款很好用的面膜在打折，但她的
     面膜還沒用完，問我到底要不要再買？
  B. 主管問你結案報告什麼時候可以交？
  C. 表弟很猶豫是否應該現在買房。房價已經跌
     了半年多，但如果現在買之後又跌了呢？但
     如果現在不買，之後漲了更買不起，怎麼辦？

參考答案：C

Chapter 02

如何用提問破解
人生困境？

4 同理型提問

如何讓受傷的人感受到被理解？

　　都說理解萬歲，可見人們對被理解有著巨大的渴望，然而在現實生活中，你也許有過類似經驗：你的朋友和情侶吵架了，口口聲聲說要分手，打電話和你傾訴；朋友在工作上遇到大麻煩，他的專案搞砸了來找你求安慰。這時，你非常想幫朋友分擔憂愁，但實際情況可能是，你愈想安慰對方，或者苦口婆心說了很多良言、給了不少建議，甚至說笑話緩和氣氛，但結果卻是愈愛莫能助，場面變得更加尷尬，甚至可能一不小心，你也被朋友的壞情緒給感染了。

　　在這樣的情況下，如果我們熟悉同理型提問[1]的對話技

---

1 《提問的力量》（*Ask More*；繁體中文版為《精準提問的力量》），法蘭克・賽斯諾（Frank Sesno）著，江宜芬譯（北京：中國友誼出版公司，2017 年）

巧，不僅能陪伴朋友從鬱悶聊到開心，真正為他分擔憂愁，甚至還能幫助他找到解決問題的方法，讓「受傷」的他感受到真正被理解。

所謂的同理型提問，就是利用問題和對方建立同理關係，站在對方的角度，進行互動交流的狀態。同理型提問有四個要點：

第一，試穿別人的鞋子。 在對話前，不要急著說話或提供建議，而是先向自己提問——運用同理心，轉化視角看待問題。在此，需要先說明一下很多人誤解同理心了。同理心不是把自己代入對方的場景，不是問，這件事發生在我身上會如何？而是好奇地問：

這件事發生在他身上會如何？

站在他的角度，自己會看到什麼？

他在想什麼？他感覺如何？

這樣切換視角來提問，才能真正理解對方的感受。

第二，提問。 提出廣泛性的問題，讓對方開口說話，邀請他們進入讓他們感到最安全、最舒適的領域。

第三，聆聽言外之意。 提問之後，對方就會開口說出很多訊息，這時需要仔細聆聽，聽話裡話外之意。話裡——

他都說了些什麼？話外——他的語氣、心情、表情、眼神、說話節奏等。聆聽也是同理的重要部分，我們願意聽，就是對他最好的陪伴。

第四，保持適當距離。要保持一定的距離，才能保持客觀，也才能避免和對方一樣進入傷心、憤怒、衝動的情緒。我們需要幫助朋友客觀分析，並在合適的情況下提供合理的建議。

在上述談到的案例中，如果那位正在鬧分手的朋友就在你面前，且她現在情緒十分低落，我們該如何透過同理型提問的對話，幫助她走出情緒低谷呢？

第一步，問自己。向自己提出同理問題，充分感受對方的心情。

「情感危機對她來說意味著什麼呢？她這麼多愁善感，一定很痛苦吧！」

「她哭得這麼傷心，扛得住嗎？她可能壓力很大，情緒會崩潰啊！」

換位思考後，更能理解她的感受，從而更容易和她進入相同頻率的對話狀態。

第二步，提出廣泛的問題。向對方提出廣泛的問題，進

圖4 同理型提問的四步驟

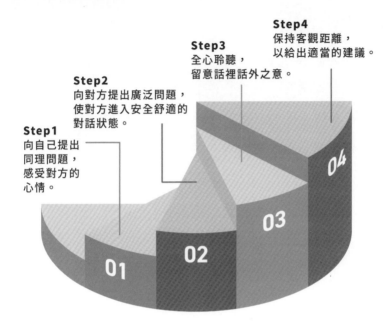

Step4
保持客觀距離，
以給出適當的建議。

Step3
全心聆聽，
留意話裡話外之意。

Step2
向對方提出廣泛問題，
使對方進入安全舒適的
對話狀態。

Step1
向自己提出
同理問題，
感受對方的
心情。

入安全舒適的對話狀態。

「你們之間發生了什麼事啊？」

（她可能抱怨或說生氣的話，我就一直聽；如果她願意
說話，可以繼續問以下問題。）

「是什麼讓你這麼難過？」

「你現在感覺怎麼樣？」

第三步，聆聽和陪伴。全心聆聽，留意話裡話外的各種訊息。

我會聽她話裡話外之意，她說了什麼？我會點頭默認，讓她知道我一直在陪伴著她。

我會觀察她的語氣、心情、表情、說話節奏等。

我會說一些安慰和關心的話語，例如：「這確實讓人氣憤……。」

等她盡情表達之後，心情好些了，也比較清醒時，就可以進入第四步。

第四步，提供適當的建議。保持客觀距離，給出適當的建議。

「你現在的想法是什麼啊？」

「下一步怎麼打算呢？」（也可以是建議性的提問）

「需要我做點什麼？」

「我可以做些什麼？」

「我帶你出去走走？」

採用同理型提問進行溝通時，可以讓朋友在安全、舒服的對話空間裡進行交流，如此一來，她會更容易走出情緒低谷。然而，使用同理型提問時，要特別注意實際的情況和

對象不同，因此需要靈活去應用。每個步驟都不是固定不變的，要根據實際情況隨機應變的提問和聆聽。如果對對方的情況不夠瞭解，則要少一些好奇，多一些關心和多一點聆聽。此外，有些時候，對方會不想說任何話，這時，我們就一直在旁邊安靜地陪伴就可以了。

如果需要提供建議，要放在最後。如果對方只是單純想抱怨，可能就不需要給任何建議，只要聆聽和回饋就好。

現在，請各位回想一下，你有過哪些類似的安慰人的經歷？對方可能是考試不理想、裁員失業、生意失敗、遭受病痛、選擇迷茫等。在以往的做法中，你最容易忽略的同理要點是哪一點？如果採用同理型提問進行陪伴和對話，哪些方面可以做得更好呢？

拆為己用

重述內容

用自己的話語闡述從書中獲得的新知識,談談自己對於同理型提問的關鍵要點的理解如何。

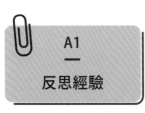

A1

—

反思經驗

替自己的同理能力打分數。從 1 分到 10 分,你的得分是多少?可以提升的地方在哪裡?

_____

_____

_____

_____

_____

_____

A2
規劃應用

❶ 一週之內，找一位身邊需要陪伴的親朋好友，採用同理型提問的技巧，完成一次同理談話並記錄所獲。

❷ 情境題：你有一位老同學在公司兢兢業業，因為他大意搞砸了公司的一筆大生意，覺得很沒面子。他約你陪他一起吃飯，在餐廳裡你見他一副臭臉，說準備主動辭職不幹了。請判斷以下哪些符合同理型提問的要點。

A. 問自己：這次搞砸對他來說意味著什麼呢？
　　他一直很認真、重視榮譽，肯定很失落吧！

B. 問自己：如果我遇到這樣的情況，我一定很崩潰。

C. 問自己：他臉色這麼差，一定壓力很大吧！

D. 問對方：你現在感覺如何？

E. 問對方：沒什麼大不了的，事情總會過去的，對不對？

F. 問對方：需要什麼幫助嗎？我可以為你做些什麼呢？

參考答案：A、C、D、F

5

衝突型提問

被騙了！如何透過提問進行談判？

「糊弄」是一種社會常態現象，「糊弄」的招式可謂五花八門。我們被糊弄時，很多時候猶如秀才遇見兵，有理說不清。吵架不是文明優雅的做法，但難道只能暗暗吃虧嗎？

朋友王先生在進行新房裝修時就被糊弄欺騙了。他找了專業的裝修公司，本以為很放心，可是有一天他去看裝修情況時才發現，這家裝修公司很黑心，不但使用了劣質材料，還對看不見的隱蔽工程偷工減料。

王先生很氣憤，找裝修負責人談話。對方能說會道，頻頻吐出專業術語，基本結論就是：用的材料沒問題，不影響品質，你放心就好。

王先生呢，感覺對方是在狡辯，然而掌握不了對話主動權。王先生不想撕破臉，怕影響後面的工程，可是又不能啞巴吃黃連，讓自己家變成豆腐渣工程。到底，該怎麼辦呢？

　　遇到這種情況，你們會怎麼處理呢？大吵一架？投訴？換裝修公司？可是這往往還是解決不了問題。所以，當我們遇到這種情況時，與其互相對罵更加生氣，不如拿出衝突型提問[2]作為武器，藉由提問來解決問題。

　　有些時候當發生衝突時，我們不需要同理心，而是一個答案。這時需要將問題擺到檯面上，要求對方正式的答覆，並表達出觀點，比如：「你的言行不被接受，你會被問責」。

　　那具體來說該怎麼做呢？遇到此類問題時，需要先識別風險，再瞭解目標，進而瞭解事實。接著，基於事實擬定問題，最後提出問題。全程要注意聆聽對方的藉口或狡辯，及時提出質疑，掌握主動權。衝突型提問是帶有指責性的，和爭論有點類似，但它和爭論有以下不同點：

　　第一，要完成風險識別再進入對話，而不是即興責罵。

　　第二，衝突型提問是目標導向。它是聚焦在希望實現的

---

2 《提問的力量》（*Ask More*；繁體中文版為《精準提問的力量》），法蘭克·賽斯諾（Frank Sesno）著，江宜芬譯（北京：中國友誼出版公司，2017 年）

目標而發起的提問，是講究策略的，而不是為了出一口氣，或只是在氣勢上壓倒對方。

第三，衝突型提問就事論事，是基於事實進行提問和澄清。衝突型提問不是用責罵、盛氣凌人和人身攻擊的言語來掌握主動權，而是用提問的智慧來達成目標。

我們都知道在溝通中大聲未必贏、大聲說話未必占據主動，使勁爭吵更無法取得尊重，所以不如用提問化解衝突。

在實際的應用中，由於衝突型提問帶有一定的風險，所以，進行問責的衝突型提問一定要先識別環境和事態的風險程度。如果問責容易造成場面失控，就不適用；如果提問的對象是父母、岳父母和長輩等，最好也不要用。

簡而言之，衝突型提問的對話，就是一套談判溝通流程。衝突型提問的描述有點抽象，重點可歸納如下：

- **第一階段，要做到「知己知彼」。**請遵照以下十二字口訣：識別風險、確定目標、掌握事實。
- **第二階段，要掌握對話主動權。**需要做到兩點：針對性提問，以及批判性聆聽。

衝突型提問的對話就像是心理戰，要先知己知彼，再發揮提問的威力。

圖 5　被糊弄了別擔心，用衝突型提問和對方談判周旋

　　以下，我們來看看，如何用衝突型提問與前述案例中的裝修公司進行交涉，以保證自己的權益。

　　第一步，對話前先識別風險，再進入對話。想一想，這場對話有什麼風險？如果對話結果失敗，和對方撕破臉，後果是否可以接受。仔細評估之後，發現我更不能接受豆腐渣工程，即使換裝修公司導致影響完工日期，也是可以接受

的。考慮到還有挽回餘地，所以必須進行問責對話。

第二步，**確定目標，想清楚自己要什麼**。目前，工程品質出了問題，我的對話目標是：要求對方更換合格的材料，並確保工程品質並按期完成。清楚了目標，對話過程就不容易陷入謾罵和爭吵。

第三步，**掌握事實**。首先要瞭解房子裝修材料的實際使用問題，知道標準應該是什麼樣子，為什麼目前這些材料不合規，以做到心中有數，說話有理有據。其次，還可以透過現場勘查和一般提問獲得相關資訊。

第一階段做到知己知彼，非常重要。如果沒有事先準備就直接進入對話，很容易陷入針對對方責任心、態度等的批評，甚至容易上升到道德批判的層面去申訴和攻擊，進而容易擦槍走火，陷入敵對狀態。完成第一階段的知己知彼之後，接下來，就可以開始利用提問和傾聽的武器。

第四步，**針對性發問**。具體來說，要問什麼問題呢？根據解決問題的目標，我會從原因、現狀、過程、後果、責任等方面進行針對性提問。

- 問原因：你們為什麼使用這種材料？為什麼減少這個工序？
- 問現狀：裝修時使用了多少問題材料？減少工序造

成的缺陷是什麼？

- 問過程：材料從哪裡進貨的？安裝過程有什麼不同？過程中的品質控制是如何做的？

- 問後果：使用這種不合格材料，請協力廠商驗收會通過嗎？使用這種材料會造成什麼樣的安全隱憂？

- 問責任：誰對這個工序負責？最後工程驗收，如果不合格，你們該如何承擔責任？

第五步，批判性聆聽。對話過程要注意批判性聆聽，識別對方的邏輯漏洞和吹牛話術，發現證據中的問題，再各個擊破。這時可以適當打斷對方的話，重申自己的要求以掌握主動權，例如：

- 對方說這種材料品質也是可以的——我會問：「什麼叫做『品質也是可以的』？這是很勉強的說法，你能給我『品質也是可以的』的實質證明嗎？」

- 對方糊弄你說，現在這個材料很流行，是很好的選擇——我會反問：「我不追求流行，我要的是品質合格的材料，為什麼不採用之前約定好的材料？」

- 對方如果還說沒有多大的安全疑慮，差距不大——我會追問：「那你說說這個安全疑慮有多大？差距在哪裡？」

就這樣，秀才遇到兵也不用擔心。藉由五個步驟，掌握對話主動權，不斷聚焦在對話目標，問關鍵資訊，問細節資訊，一步一步透過提問逼近事實的真相。讓對方清楚責任所在，知道要承擔的後果，最終完成衝突型提問的談判對話。

　　人們在被糊弄、被欺騙時，很容易被激怒，以致往往更容易陷入爭吵、譴責、憤怒的狀態，而失去了真正的對話空間。比如我們時常聽到的，由於小孩爭吵導致大人打架受傷的事件；因為一些小的爭吵而大打出手的事件也時常發生。為此，在遇到這類問題時，首先要冷靜下來，並對照衝突型提問進行對話。

　　這就是我們在破解應對糊弄、保護個人權益時可以用到的衝突型提問。讀完上述的案例分享之後，你想到自己曾經歷過哪些類似的對話嗎？

請用自己的話語，闡述衝突型提問的使用範圍及關鍵步驟
為何。

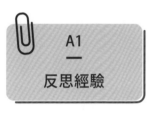

你過去曾經歷過哪些被「糊弄」的事件，回想一下，當時
自己的溝通方式有哪些問題？

_____

_____

_____

_____

_____

_____

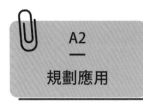

A2
規劃應用

情境題：你在市場上剛買了件精緻的文房四寶準備送給朋友，結果還沒到家就發現並重複確認了，對方把有瑕疵的產品賣給你。你回去和賣家溝通，但對方想抵賴。為了達到退貨、買到正品的目標，你會向賣家提出哪些衝突型提問呢？

請看看以下這些問題，哪些最符合衝突型提問的要求。

 A. 你賣的貨材質有問題，成色不均勻，為什麼？

 B. 你們明明提供有問題的貨，還想狡辯啊？

 C. 我收到貨品時就發現有點龜裂破損了，你們對這樣的情況是怎麼處理的？

 D. 可以和我說明一下，如何鑑別正品和次品嗎？

 E. 哪有這樣做生意的，完全不考慮顧客權益？

 F. 我需要瞭解你們對瑕疵物品是如何處理的？

 G. 你們這樣做，是不想做長久的生意吧？

參考答案：A、C、D、F

6 焦點討論法

如何舉辦一場有意義的聚會？

　　想必到了週末，有不少人會去參加各種聚會吧？然而談到聚會，大家內心多少有些無奈：不參加吧，可能會錯過一些機會；參加吧，又可能浪費自己的時間。

　　拆書幫的學員張霞上週去參加的大學同學會就是這樣，大家吃飯、喝酒、唱歌、打牌，玩了一個下午加一個晚上。偶爾一次還好，要是經常這樣，真沒意思。還有公司的一些團康活動也是如此，好一點的，大家一起做戶外活動或旅遊；更簡單的就是一起吃個飯、聊個天。雖然聯繫了感情，但在競爭如此激烈的環境中，花兩、三個小時甚至一整天只做這些事情，充足感還是很不夠，甚至覺得有些浪費時間。

　　究竟，如何把活動辦得有品質又有意義？可以使用焦點

討論法（The Focused Conversation，簡稱 ORID）³這一提問工具。透過提問讓參與者在主持人的引導下，共同深思相同的問題，讓活動有張有弛。

所謂的焦點討論法，包含以下四個層次的問題：

❶ **客觀事實（Objective）**：問的是談話背景中的各種事實。

❷ **感受反應（Reflective）**：能喚起人們面對客觀事實時立即出現的情緒、感覺和客觀事實帶來的聯想。

❸ **詮釋意義（Interpretive）**：用來幫助我們尋找客觀事實帶來的意義、價值、重要性，以及探尋具體的行動策略。

❹ **做出決定（Decisional）**：是想要找出決議，給對話畫上句號，促使討論者做出決定、採取行動。

我們先用一個例子來解釋焦點討論法的四個層次。

（**背景**）白天，幼稚園老師帶著琳琳參觀了消防隊。晚上，媽媽和琳琳聊參觀的事情。

媽媽：「今天去消防隊看到了什麼？」（**客觀事實**）

---

3 《學問》（*The Art of Focused Conversation*；繁體中文版爲《學問：100 種提問力創造 200 倍企業力》），布萊恩·史坦菲爾（Brian Stanfield），鐘琮貿譯（北京：電子工業出版社，2016 年）。

琳琳：「看到了紅色房子，還看了叔叔們住的地方、吃飯的地方。」

媽媽：「有你覺得特別有意思的事情嗎？」（**感受反應**）

琳琳：「有呀，叔叔們床上的被子都摺成了豆腐塊。」

媽媽：「為什麼老師帶你們去參觀消防隊？」（**詮釋意義**）

琳琳：「老師想讓我們自己做家事。」

媽媽：「那你以後打算怎麼做呢？」（**做出決定**）

琳琳：「媽媽，明天早上起床後，我自己摺被子。」

從這個例子中，我們看到 ORID 四層次提問，遵循了人類思考的自然心理過程，即：**感知資訊—內在反應—判斷思考—做出決定**。

焦點討論法提問不僅能促進親子之間的交流，還適用於工作會議、解決難題、各種聚會……，在此，我們選擇張霞的同學會場景來詳細介紹說明。

運用這個方法時，首先要設計好要在聚會現場提出的問題，然後帶著設計好的問題到現場實際提問。

圖6　如何舉辦一場有意義又令人難忘的聚會？

開場白：
理性目的？
感性目的？

01

設計
聚會提問的
三步驟

03

結束語：
主要爲感謝話語，
切忌囉唆畫蛇添足。

02

提問交流：
客觀事實？感受反應？詮釋意義？

如何運用焦點討論法設計聚會話題？

　　一般來說，現場交流活動有三個環節：開場白、提問交流、結束語。這裡要注意，每場聚會都是量身定做的，均需要提前設計好，才能開啟一場有意義且令人難忘的聚會。

設計內容一：開場白

　　每場聚會都需要說開場白，目的是給參與者營造安全感，讓大家知道要做什麼，以及怎麼做。

　　開場白的內容來自理性目的和感性目的。梳理這兩個目

的時，要問自己「想要舉辦一個什麼樣的聚會？」例如：「請分享自己覺得有意義的事情，這些事情對大家能有啟發。」這就是理性目的。

在這次同學會中，張霞不希望聚會停留在表面，所以她的理性目的是：**期待參與者在彼此的經歷分享中，可以收穫到對人生有意義的事情，並從中學習。**

聚焦在理性目的，我們會設計四個層次的問題。至於問題的陳述方式及內容會如何影響參與者的感受，這就是感性目的。比如，提問者如果問「你為什麼沒有找到工作？」這個問題，就會給參與者傳遞一種不太愉快的壓力。

張霞期待的是感情延續，所以活動的感性目的是：為所有參與者營造愉快的氛圍。

設計內容二：提問交流

❶ 客觀事實的問題

所謂的客觀性是指數據、事實，是外在的現實。例如：

「你在哪裡工作？」

「工作內容是什麼？」

「在過去一年中，你可以立即想到的一件事情是什麼？」

以上這些，都屬於聚焦在客觀事實的問題。

在聚會中，我們還有可能問到一些與宴會、活動相關的資訊，也屬於客觀事實的問題。比如：

「今天我們一起做了哪些活動？」

「今天的食物有哪些？」

要注意，提出客觀事實的問題時，問句中不能夾雜自己的判斷，或者跳到其他層次。比如：

「這件事情是不應該發生的，對吧？」→這個問題中加入了主觀判斷。

「這件事情為什麼從這個時候開始？」→這個問題在尋找原因，屬於詮釋意義層次。

❷ 感受反應的問題

這個層次的問題，目的是讓參與者與聚會的主題、現場與會人士建立起關係。所以，提出的問題通常與感受、心情、回憶或聯想有關。可以將「喜歡」、「憤怒」、「興奮」、「迷惑」、「害怕」這些詞彙加到問句中。例如：

「這件事情讓你有什麼感受？」

「什麼時候讓你感到驚訝？」

「什麼讓你感到喜悅？」

「是什麼讓你印象如此深刻？」

問這個層次的問題時，有時會遇到現場與會人士無法回答的尷尬情況。這並不一定是你問錯了問題，而是因為在我們的成長環境中，往往沒有機會讓我們表達自己的情緒，久而久之，情緒的表達就被忽略了。所以在設計這個層次的問題時，需要準備一些例子做示範。另外，要注意回答的內容是否屬於感受反應層次。比如；

問：「這件事情讓你有什麼感受？」

答：「這件事情讓我決定以後不再私下傳話了。」

上述參與者回答的，是做出決定層次的問題。

「這件事情讓我後悔。」這才是對感受反應層次問題的回應。

❸ 詮釋意義的問題

這個層次的提問，是我們期待的、有意義聚會的關鍵環節。在這一輪，所有問題都是圍繞在前兩輪獲得的資訊來進行探討。例如：

「主管為什麼這麼做？」

「他的話有什麼意義？」

「這件事會給我們的生活帶來什麼影響？」

「這個故事對你有什麼啟發？」

這個層次的問題也是日常溝通交流中，大家比較容易進入的，但有時這些問題會讓大家陷入沉思，以致難以快速回應。所以在設計時需要提醒自己：「在這裡，我需要等待大家的回答，不要著急。」

❹ 做出決定的問題

在這個層次提出的問題，要讓大家能運用前三個層次的訊息做出決定，而這個決定可能是短期或長遠的決定，也可能涉及行動或承諾。例如：

「在接下來的一週，你將做些什麼來提高工作效率？」

「我們要為今天的分享故事取個什麼響亮的名字？」

在生活中，如果請聚會現場的參與者回答這樣的問題，會把聚會弄得像工作一樣，也會讓人覺得彆扭。為此最好的做法是請參與者給前一輪討論中的重要資訊賦予一個名字，以此來完成這個環節，這樣既能讓大家記得此次交流活動的主題，又能從旁看到參與者的決定。

設計內容三：結束語

在這個環節，要對整個溝通做個收尾。收尾的內容主要為感謝話語。切記，此時要管住自己的嘴，避免囉唆一大段，沖淡了前面的內容，畫蛇添足。

到這裡，張霞完成了沙龍聚會溝通前的提前設計，而她設計的完整活動內容如下。

開場白

「三個月前我們曾經相聚，今天大家又聚到了一起。在這三個月中大家都經歷了很多事情，有開心的、有失落的，也有成長和挫折。期待大家分享出來，一起探討每件事情對我們的影響。現在，我先拋磚引玉，問大家一個問題，大家一起來聊聊。」

提問交流環節

（1）客觀事實的問題：在過去三個月裡，有發生哪些現在立即可回想起來的事情呢？

（2）感受反應的問題：是什麼讓你對這件事印象如此深刻呢？當時是什麼樣的心情？

（3）詮釋意義的問題：在這件事情之後，你有什麼改變？你聽到其他與會人士分享的事情之後，有帶給你什

麼樣的啟發嗎？

（4）做出決定的問題：你希望給今天的分享故事取個什麼響亮的名字，使之成為我們以後溝通中的暗號？

結束語

謝謝大家的熱情參與，我們對工作中經歷的點點滴滴進行了探討，也對工作、對人生有了更多的理解和認識。再次謝謝各位！

— Point —

如何使用焦點討論法舉辦一場有意義的聚會活動？首先設計出活動現場三個階段的引導內容，然後聚焦在這些內容於現場進行提問。

(1) 開場白：注意要區分理性目的和感性目的。

(2) 提問交流環節：分別從客觀事實、感受反應、詮釋意義、做出決定四個方面來設計問題。

(3) 結束語：用「感謝大家的積極參與分享」等話語，進行簡單的收尾。

焦點討論法這一提問工具非常適合團體聚會的溝通，運用它可以讓聚會產生更有意義的效果。

張霞的同學會案例

張霞在週末舉辦了有二十七位與會者的高中同學會，並計畫在大家寒暄後一起交流。為了讓大家在享受美食前有深入的交流，張霞特地選擇了一個環境比較好的咖啡廳包廂。

同學們進入房間圍著桌子坐下，大家簡單寒暄後，張霞走到主持人的位置，說：「三個月前我們聚會過，今天我們又聚到了一起。這三個月中大家都經歷了很多事情，有開心的、有失落的，也有成長和挫折。每件事情都是我們每個人的獨特經歷，對我們的人生有著不同的含義。大家不妨講講自己最想講的故事，讓大家在傾聽和瞭解彼此的同時，可以從中受益。」

在得到同學們的回應後，**張霞拋出了客觀事實的問題：「從畢業到現在，你現在能立即回想起來的事情，有哪些？」**接著，眾人紛紛依序回答：

「我當初畢業之後，去了五家企業面試，最後去了一家互聯網公司。」

「我的第一位上司跟說我，凡是在向上司彙報前，要想一想彙報的目標是什麼，有哪些證據可以作為依據，有哪些資料可以呈現。」

「我們公司最近有舉辦闖關學習活動。」

這一輪，大家都脫口而出了自己馬上可以想起來的事情。接下來，張霞問了一個感受反應的問題：「**是什麼讓你對這件事印象如此深刻呢？當時是什麼樣的心情？**」

眾人接著分享。

「我第一年就拿了優秀員工獎（感受反應）。我非常自豪，因為我是那年入職的唯一一個拿到這個獎項的新進員工。」

「老闆那樣給我提醒，讓我看到老闆真正想教人，她對我的好讓我感動和信任她。」

有同學在聽到這裡時說：「我也好想有這樣一個老闆，下次換工作時一定要找一個。」

此時，張霞指出這個內容是做出決定的問題，請稍留到後面再說。張霞的中斷及時將大家的發言拉回反應性層次。

接著，張霞拋出了**詮釋意義的第一個問題**：「**在這件事情之後，你有什麼不一樣？**」

大家經過短暫思考後，有的人說：「一個有影響力的上司，是時時刻刻為自己的下屬、身旁的同事做榜樣，給予幫助、指點，這讓我看到，其實一個人要想成為別人欣賞的人，同樣需要這樣做。」

也有人說：「闖關遊戲讓我看到其實我不喜歡平淡的生活，喜歡有壓力，喜歡時刻能夠將自己做事情的結果呈現出來。這一點，促使我做每一項工作任務時，都時時刻刻給自己製造壓力。」

同學們紛紛搶著發言，講述自己的變化，

張霞在大家講述了三十分鐘後叫停。然後，她拋出了**詮釋意義的第二個問題**：「**這件事情，給你的人生帶來了什麼意義呢？**」

同學王明華說：「闖關遊戲改變了我的人生，讓我從拖延、懶惰中走了出來，看到自己其實還是很有潛力，可以實現自己當總經理的夢想。」

現場的同學都笑樂了，因為在高中時，王明華的懶惰是出了名的，曾經被班導從被窩中揪出來上課、作業明明會做可寧願被罰也不寫。

最後，張霞說：「那麼大家替今天的分享故事分別取個響亮的名字吧，這可以成為我們以後溝通中的暗號呢！」

大家經過一番討論後，決定給闖關的故事取名為「闖關人生」。其他的故事名字還有「老闆的信任」、「皇冠」等等。

活動進行了一個多小時，大家都意猶未盡，但為了不影響用餐時間，張霞對大家說：「感謝所有同學的積極參與，我們剛剛對工作經歷的點點滴滴進行了探討，對工作、對人生有了更多的理解，也從中獲得了激勵。謝謝各位！」

聚會中的溝通環節圓滿結束了。在接下來的吃吃喝喝中，同學們還接著就自己感興趣的事情，三三兩兩追問和談論著。看著同學們開心且滿足的笑容，張霞覺得非常享受，在心裡給自己定了下一次召集大家聚會的時間。

重述內容

運用焦點討論法時，你是如何理解其中感受反應的問題。

_____

_____

A1

—

反思經驗

在過去半年內，你參加的哪次聚會活動讓你印象深刻？請
寫出活動內容，並說明是什麼讓你印象深刻。

_____

_____

_____

_____

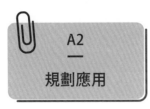

A2
規劃應用

情境題：你計畫和同事在下週末參加一次真人 CS（真人模仿戰爭競技遊戲）。假如活動結束後，大家都非常興奮，你期待大家趁著興奮可以聊得更深入一些，來將這次活動的獨特性顯現出來。請運用焦點討論法，設計一下活動後聚會時引導討論用的問題。

7

XYZ 自覺表達法

如何化解父母逼婚的難題？

每次長假前後，都會有好多年輕人頭疼父母逼婚的問題。在拆書幫的某次活動中，就有一位夥伴說，她現在對回家的態度是：三分恐懼，七分生氣。

這位夥伴說，大概是開始工作三、四年之後，每次跟父母溝通，話題都會被扯到「什麼時候找對象」去。一開始是父母隨口說說，她隨口敷衍；後來變成父母追問進度，她不勝其煩；再後來就是變成各種花樣提醒她 —— 再不找對象就嫁不出去了、同事誰誰家的孩子都快生老二了、今年過年一定要帶男朋友回來呀……。最近一次，她和父母吵了起來，因為她老爸說了一句：「哪怕你結了婚就離，也得趕快找一個人嫁了。」她流著淚說，感覺不到父母的愛，更談不

上尊重，好像自己不結婚就是家裡的恥辱一樣。

其他夥伴給她出主意，有的說：「你要主動發動攻勢啊！回到家先跟爸媽哭訴：『爸，我還沒有男朋友，怎麼辦呀！我感覺現在上班沒意思、吃飯沒意思，活著都沒意思啦！我要是一輩子都嫁不出去該怎麼辦呀！』」

我知道，有好多人為逼婚的事跟父母起衝突，但不知道真這樣「主動發動攻勢」的話，效果會如何。我想，恐怕也是治標不治本，說不定還會引火上身，惹得老爸老媽使盡了渾身解數求人給你介紹對象、安排相親。如果你在相親後的表現不能讓他們滿意，則會帶來更大的衝突。

在人際關係中之所以有衝突，通常表示至少有一方對對方有不滿、有抱怨、有意見，覺得對方沒有達到自己的期待、沒有做到該做的事情，或者做了不該做的事情。我們每個人都會遇到衝突，有時我們是發起者，有時是別人激起我們的回應。換言之，任何衝突都有兩個角色——一個角色是發起者，另一個角色是回應者。

在剛才的情境中，父母是衝突的發起者，被逼婚的「我」是回應者。現在，讓我們再看看另一個情境。

在公司裡，你負責主持一個大型活動。活動中，你之前反覆確認過的東西居然還是沒有及時送到，導致活動沒

有達到預期效果。你打電話問負責該物品的同事，他說，他也沒想到呀，不是他能控制的呀……。你生氣了，責罵那位同事能力差、態度差，沒有責任感。但對方反擊說：「你作為專案負責人，怎麼沒想到再早點提出需求……。」

在這個情境中，誰是衝突發起者？是你。而你的同事是回應者。

我們每個人都有可能面對到「衝突模式」和「應對模式」，比如在剛剛逼婚情境下，夥伴建議的「發動主動攻勢」。很多時候，作為發起者，要麼憤怒表達、要麼隱忍，而作為回應者，常常覺得冤枉，自衛反擊──「我沒錯，你才錯了呢！一直都是你錯了！」這樣的溝通會有效嗎？當然沒效！

在有關人際溝通之於衝突的研究發現，在衝突中有效的溝通都有類似的模式，而無效的溝通則有各式各樣的表現。想要做出有效的溝通模式，回應者的最好做法是「探究型提問」，而發起者的最好做法是「XYZ 自覺表達法」。

沒有受過溝通訓練的人（例如逼婚的父母），通常在表達意見和批評時，會有很多空泛的指責（「你只顧著自己玩得開心，就找對象不用心，你怎麼就不替我們老人家考慮一下呀」），並發表很多評價觀點（「你找不到合適的對象，

是因為你要求太高了」），同時還會有更多糾結於動機和原因（「你就是玩瘋了不想過日子！我看你就是為了氣我們」）的指責。

注意，當衝突一方側重於空泛的指責、評價性的觀點、動機和原因時，都會引起另一方的自我防禦反應。什麼叫自我防禦呢？就是你感覺到被攻擊了，而你的本能反應就是防禦和反擊：「我沒錯、你才錯了呢！」於是，他攻擊，你防禦；他再攻擊，你開始反擊。最後衝突逐步升溫，以致這個結愈來愈死，永遠無法解開。

那麼，該怎麼辦呢？最好的情況是批評者能做到不是空泛的指責，而是具體建議；不是評價性的觀點，而是描述事實；不是糾結於動機或原因，而是著眼於下一步如何行動、跟你一起討論希望達到什麼樣的結果。但是，現實中哪裡有這樣的好事！

你控制不了來批評你、指責你的人如何表達，但是，你能控制你自己。

這時，要把關注點放到提問上。透過你的提問，把對方

的空泛指責轉換成具體建議；透過你的提問，把對方評價性的觀點轉換成描述性的事實；透過你的提問，把對方對動機或原因的糾結，轉換成對行動或結果的關注。

總之，藉由你的提問，可將對方的注意力從消極轉向積極、從過去轉到未來，如此一來，討論就會有重要的轉變，且很可能衝突還沒起來，就平息下去了。

如何應對父母逼婚？

· 父母（指責導向）：「你只顧著自己玩得開心，就找對象不努力，你怎麼就不替我們老人家考慮一下呀！」

· 你（建議導向）：「你們希望我怎麼做，才叫做替你們考慮了？」

· 父母（評價導向）：「你找不到合適的對象，是因為你要求太高了。」

· 你（描述導向）：「你們對未來女婿的要求有什麼呢？」

· 父母（動機導向）：「你就是玩瘋了，不想好好過生活！我看你就是為了氣我們！」

· 此時，你不要反問（動機導向）：「我氣你們做什麼？我怎麼就不想好好過生活了？」

· 而是要問（結果導向）：「你們希望我多久之後結婚？好，就算一年，那為了實現一年後結婚的目標，我們應該具體做些什麼呢？」

> **遇到指責懂得提問，不僅僅是一種說話技巧，也是一種溝通能力。**

　　嘗試之後會發現，透過改變方向的提問，不僅來勢洶洶的對方會平靜下來就事論事，同時自己內心防禦反擊的念頭也會逐漸消融，然後有可能意識到自己真有考慮不周或行動不妥之處。若能如此，當下來看，你和對方解決了分歧；長期來看，你自己獲得了成長。

　　以上是當對方是發起者，而你是回應者的情況。那麼，如果你是發起者呢？像第二個案例一樣，如果是你對同事有意見、有抱怨，你最好怎麼做呢？

　　在心理學和管理學中，有一個被廣泛推崇的表達方式，叫作「XYZ 自覺表達法」。所謂的 XYZ 自覺表達法，是這樣描述問題的：**當你做 X 時，導致了結果 Y，而我的感覺是 Z**[4]。那麼，具體來說該如表達呢？

　　第一，描述為你帶來問題的具體行為（X），避免因為匆忙而給出評價性的指責。

---

4 《管理技能開發》（*Developing Management Skills*），大衛・惠頓（David Whetten）、金・卡梅倫（Kim Cameron），莊孟升等譯（北京：清華大學出版社，2016 年）。

圖 7　何謂 XYZ 自覺表達法？

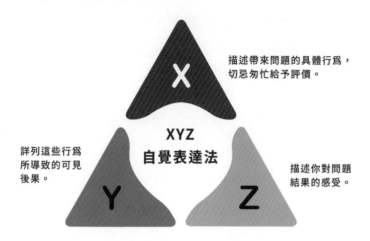

描述帶來問題的具體行為，
切忌勿忙給予評價。

**XYZ
自覺表達法**

詳列這些行為
所導致的可見
後果。

描述你對問題
結果的感受。

X

Y

Z

　　第二，詳列出這些行為所導致的可見後果（Y）。簡單
明白地告訴對方，其行為給你帶來的問題。

　　第三，描述你對問題結果的感受（Z）。更重要的是，
不僅要讓對方瞭解哪些行為妨礙了你，且要解釋對方的行為
帶給你的挫折、憤怒或不安全等感受。

　　總之，如果你是衝突發起者，採用 XYZ 自覺表達法就
能避免空泛觀點、評價性指責，以及對動機和原因的批評。
以下，讓我們看看如何採用 XYZ 自覺表達法與同事溝通。

　　由於物品沒有及時送到，你對負責該物品的同事說：
「雖然我提醒了你兩遍，你還是沒有及時跟進供應商（X，

對方的行為），導致活動中這麼重要的物品沒有及時送到，整個活動節奏全亂了，完全沒有達到預期效果（Y，**對方行為造成的結果**），我又急又氣（Z，**我的感受**）！」

注意，說到這裡就可以了，再多說就是畫蛇添足。比如，如果你接著又說「我又急又氣，怎麼會有你這麼不負責任的人」，這就是空泛的指責了，反而達不到你期待的溝通效果。

— Point —

如果對方是衝突發起者（指責你、批評你），類似父母逼婚的情況，那作為回應者的你最好用「探究型提問」；反之，如果你對別人有意見，你是衝突的發起者，那麼你最好用「XYZ 自覺表達法」進行溝通。

I
—
重述內容

把 XYZ 自覺表達法的實際操作方法，講述給你最親密的人
（伴侶或男女朋友）聽。他（她）是否能學會並不重要，
重要的是你透過講解，會對這個方法更為熟悉，從而更有
可能在未來派上用場。

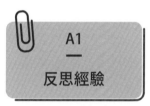

A1
—
反思經驗

你有沒有對某位家人或同事有一些不滿的事情？也許不太
嚴重，以致你從未表達過，但你的不滿依然存在。請回想
一、兩件類似這樣的事，然後嘗試寫出 XYZ（注意：只是
寫下來，不用實際進行練習哦！）。

_____

_____

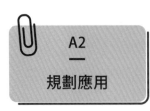

A2

規劃應用

情境題：老公在家玩遊戲，突然妻子跑過來說：「你就玩吧！這麼大的人了還只知道玩！自甘墮落！不思進取！」這時，老公較好的回應方式是：

A. 你說說我是怎樣自甘墮落了？

B. 難道你就沒有不思進取了嗎？

C. 我每天工作累得像狗一樣，回家放鬆一下，不行嗎？

D. 放下遊戲手把，問妻子：「你覺得我應該做些什麼比較好呢？如果能做到的話，能達到什麼效果？」

參考答案：D

8 基本四提問

如何幫助迷失的朋友找回初心？

知名的美籍黎巴嫩詩人紀伯倫（Khalil Gibran）曾說：「我們已經走得太遠，以至於忘記了為什麼出發。」

不忘初心，努力堅持，可是有多少人真正認真思索過，為什麼初心容易被忘掉？我們的初心是什麼？我們又該如何找回初心呢？

假如你的好友失戀了，整天鬱鬱寡歡，面無笑容，在情感道路上給自己立了一堵牆。或許你和她講了很多大道理，她要麼難過哭泣，要麼說她都懂，可是她就是不願意走出自己的世界。作為好友，你想全力去支持她卻愛莫能助。面對這種情況，到底怎樣才能支持她，讓她找回初心，重新出發呢？

接下來，我們要探討和學習的基本四提問[5]，是一種非常重要的提問模型。藉由四個基本提問，我們可以陪伴他人展開一段轉化式對話，也可以進行自問自答的對話，讓我們真正找回初心，活出自己想要的狀態。

　　不論是長期或短期計畫，都可分為四個關鍵階段，分別為：激勵、執行、價值整合、完成和滿意，如圖 8 所示。我們可以藉由基本四提問，將這四個階段連接起來，幫助人們聚焦在這些階段的成就來建立願景。這些計畫性的問題將對話聚焦起來，朝個人在每個階段想要的結果前進。

　　人們被煩惱的事情困擾時，心中想的往往是負面的，想到的總是「我不想要的」、「我不行」等等，容易陷入灰色的情緒中，以致很難看到、也很難相信另一面有著燦爛陽光。這個時候，我們需要用基本四提問來轉化思維，引導自己重新思考曾經期待的美好願景和目標（初心）。

　　那麼，具體來說應該怎麼問？基本四提問的步驟如下：

　　第一個問題：你想要什麼？這是每個人生命中最核心、最重要的問題之一。「想要什麼樣的人生」、「做一件事想要達成什麼樣的期望或成果」，問的就是我們為什麼出發的

---

5 《被賦能的高效對話》（*Art and Science of Coaching: Step-by-Step Coaching*），瑪麗蓮・阿特金森（Marilyn Atkinson）著，楊蘭譯（北京市：華夏出版社，2015 年）。

圖8　四象限與基本四提問

初心。當弄清楚了自己想要的，才能激勵自己去實現目標，同時，在遇到困難時也才能堅持下去。明確的目標，本身就是一種有力、有效的激勵。確立了最初的願景和目標之後，則需要透過行動來達成。

第二個問題：**你如何得到？**這個問題能引發我們思考：要達成目標，需要做什麼？需要發展哪些能力、哪些技能？找什麼資源？如何將目標轉化成行動？

第三個問題：**你如何兌現自己的承諾？**確立了行動計畫後，如何徹底且充分地發揮能量？這個問題能召喚你進行

深入思考。你對夢想有多大的承諾？你如何有效推進計畫的行動？遇到困難和障礙時，如何根據新的情況調整計畫和方案？第三個問題，能讓我們對於目標和價值更加清晰，行動也更加有力。

第四個問題：如何知道自己已經得到了？這是最後一個問題，它促使我們去思考我們的目標是否足夠明確，是否可以實踐。很多時候我們訂定的目標很宏大，行動計畫很複雜，但往往因為最後一個問題是模糊的，所以最終無法知道自己是否真的做到了。比如「過度努力」的人就是不斷努力再努力，以致讓努力變成了追求的目標，而忽略了努力所要達成的目標。藉由四個基本提問，我們依次完成「目標探索→如何確立計畫→確保計畫執行→驗證目標達成」的過程。

假如現在，前面提到的那位好友又和你聚在一起。她失戀後，從此不再相信真愛。當聊天談到這個尷尬話題時，她一下子就讓自己封閉起來，拒絕一切建議，拒絕想像美好的未來。這時，我們來嘗試運用基本四提問，幫助她轉變心態，打開心扉，找回初心吧！

一、用轉化式的提問打開她的心扉

如果她還處在自我封閉的狀態，那麼可以引導她談論一

些其他話題，例如關於興趣、關於旅遊等。接著和她聊一些開放的問題，比如：

「你想要的肯定不是孤獨終老。你未來想要的是什麼樣的生活？」

「在愛情這件事情上，你真正想要的是什麼呢？」

這是探索性的問題，最容易打開她的心扉。藉由這種方式，慢慢引導她去想像未來美好生活的樣子。在第一個問題交談到一定程度、她對未來重新有了嚮往之後，接下來就可以問她和行動計畫相關的問題。

二、詢問對方接下來可以做哪些事情

透過這樣的詢問，她會想到一些特別願意去做的事情。這時，繼續引導，鼓勵她走出封閉自我的生活圈，例如：去參加朋友聚會、學習工作坊等。

雖然她開始有了行動的想法，但仍容易被各種因素干擾，或者自己的內心不夠堅定。此時，請繼續透過第三個問題來加強她的認同，強化理念。

三、詢問對方如何保證自己可以做到呢？

你可以這樣問：

「你覺得做到第二步設想的事情後，會帶來哪些有意義的收穫？」

這時她展開了想像，因此她會更加清楚、更加明確自己對目標的熱情和嚮往。她可能會說很多，如果在這一步足夠堅定，那麼她在想法上也就能完全走出故步自封的思維。

四、驗證一下她對期望目標的清晰度

可以這樣提問：

「希望一切如你所願。那該如何知道這個期望已經達到了？」

如果她能清楚描述期望的目標，就說明了這個目標已在她心中有著堅定的信念，如此一來，就更能支持她向前走。

我們完整完成了一次找回初心的對話之旅。也許你會發現基本四提問不僅適用於和朋友展開對話，也非常適合用來和自己對話。

如果在前進的道路上忽然感到迷茫，或者人生中面臨了一些挑戰，不妨嘗試用這四個提問來問一問自己：當初為什麼要出發？經常和自己的初心對話，真正不忘初心，以終為始（想清楚自己的目標，並努力去實現）。

拆為己用

I
重述內容

請用自己的話語闡述基本四提問的應用邏輯。

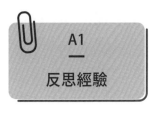

A1
反思經驗

在以下選項中,選出尋找初心的最佳問題(單選):

    A. 我可以做些什麼?

    B. 我真正想要的是什麼?

    C. 這個問題會帶給我什麼收穫?

    D. 我得到的經驗是什麼?

參考答案:B

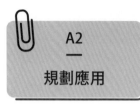

A2
—
規劃應用

反思自己最近難以堅持或迷茫的一件事情，比如：沒有堅持鍛鍊、沒有完成寫作目標、對自己的職業狀態猶豫迷茫等。接著，再用基本四提問問自己，探尋自己的初心。

9 欣賞式探詢

如何挖掘他人的「閃光點」？

在傳統觀念中，人們總喜歡這樣激勵自己（他人）艱苦奮鬥——「苦盡甘來」、「不經歷風雨，哪能見彩虹」、「寶劍鋒從磨礪出，梅花香自苦寒來」、「吃得苦中苦，方為人上人」……，認為要取得一番成就，就必須經歷痛苦的磨練。

艱苦奮鬥的精神當然要傳承，但我們生活在新時代，艱苦教育有時效果並不佳。那麼，還有哪些更好的方法，能激發個人獲得喜悅的成長，同時過程和結果都是幸福快樂的體驗呢？

我的朋友王小千，為人非常和善，但看起來是個消極悲觀的人，時不時就能聽到他唉聲嘆氣。身邊的人為了鼓勵

他，總喜歡講一些艱苦奮鬥觀、勵志故事給他聽，但他骨子裡也不喜歡。按理說，每個人都是一塊金子，是會閃光的，那麼要如何挖掘和發現他的「閃光點」呢？我當然會用欣賞式探詢[6]的方式。

以欣賞式探詢和他交流之後，他真的就像是手機充電重啟後一樣，充滿能量，煥然一新。現在，就讓我們來看看，到底什麼是「欣賞式探詢」。

欣賞式探詢可用於個人或組織，它有四個關鍵流程，稱為「4D 循環」。首先要選擇主題。在整個循環開始之前，至關重要的內容是選擇「樂觀的主題」，而這個主題將會貫穿成長和變革的整個過程。而後的四個步驟如下：

❶ **發現（Discovery）**：發現過去和現在的成功因素。把利益相關者集中起來，分享「我們的優勢和最佳實踐」。

❷ **夢想（Dream）**：我們這一輩子到底想要做什麼？具體到今年，我們想實現什麼樣的目標？人生的展望一定要繼往開來，在「發現優勢」的基礎上，可以

---

6 《欣賞式探詢的威力》（*The Power of Appreciative Inquiry*；繁體中文版爲《欣賞式探詢的力量》），黛安娜·惠特尼（Diana Whitney）、阿曼達·賽思頓－布倫（Amanda Trosten-Bloom），高靜譯（北京：華夏出版社，2019 年）。

看到自己和團隊的更多潛能，如此一來，就有信心挑戰更為高遠的目標。夢想是讓人喜悅的，而充足的信心能讓名為「夢想」的這棟大廈更加堅實。同時，讓後續的研討以結果為導向，使方向更正確。

❸ 設計（Design）：設計實現願景的道路。搜尋我們的資源，進行組織設計、流程設計，保障我們可以充分發揮優勢，實現全新的夢想。

❹ 命運（Destiny）：執行設定的行動計畫，和一般跟進督促的主要區別在於過程中需要增強「肯定能

圖9　欣賞式探詢的四步驟

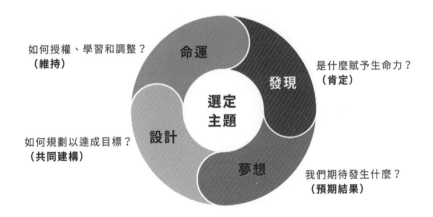

如何授權、學習和調整？（維持）

命運

發現

是什麼賦予生命力？（肯定）

選定主題

設計

如何規劃以達成目標？（共同建構）

夢想

我們期待發生什麼？（預期結果）

力」，使大家具有充分的信心，持續進行組織變革和績效改善。

「4D」是一個循環的過程。用於個人，可以充分挖掘個人潛力；用於大團隊整體多次循環使用，則會使每個環節的思考和探索更加深入有效。

那麼，欣賞式探詢之於個人，適用於哪些情況呢？

・對工作和生活缺乏熱情。

・缺乏目標，內在動機不足。

・在工作和生活中經常容易陷入困惑迷茫。

・希望改變現狀。

欣賞式探詢的前兩個階段，可以廣泛應用於通用的人際交往環境：

・**發現階段**：透過探詢對方過往的最佳經驗，發現對方的閃光點。

・**夢想階段**：聆聽對方的未來夢想，會帶來深度信任的交流。

欣賞式探詢是非常有效的引導技術工具，適用於組織發展和個人提升。在此，我們會把重點放在探討個人面向的溝

> **欣賞式探詢應用在個人方面的流程**
> - 發現：邀請對方分享他的最佳經驗，並挖掘他的優勢。你可以這樣問：你曾經做過最有成就感、最自豪的事情是什麼？你認為自己做得最好的地方有哪些？在這件事情上，你表現了哪方面的優勢和能力？
> - 夢想：在發現優勢的基礎上，探詢對方在未來道路上有什麼全新的夢想或更高的目標，準備迎接什麼挑戰。
> - 設計：探詢對方關於未來的目標是如何準備、如何規劃、如何設計的。
> - 命運：給予對方充分的讚許和肯定，強化對方的信心，以推動事情實現的最大可能。

通交流應用——如何在個人溝通中使用欣賞式探詢。

從 4D 的探詢流程可以看到，欣賞式探詢主要是藉由積極提問，探索個人內心和組織內最美好的一面，挖掘個人和組織的潛能，進而提升能量和效率。

前面提到我的朋友王小千，在經過我與他的欣賞式探詢對話之後，煥然一新。這個變化是如何發生的呢？以下，我們就來看看這次對話的情況。

我和他展開對話交流時，有個很重要的前提，就是讓自

已放下批判的心態，相信他是不錯的。這一點很重要。只有這樣才能真正帶著好奇的心態去欣賞對方，從而進入欣賞式探詢的對話。

一、發現階段

詢問對方感到最有成就感的事情是什麼，來挖掘對方的優勢。

我問：「小千，過去三年裡，你最有成就感的事情是什麼啊？」

他談到自己獨立成功完成一個特殊客戶的行銷案，被上司公開表揚的事情。我接著問他：「在這件事情上，你認為自己表現了哪些方面的優勢能力呢？」

他沉思了一會兒說：「我覺得自己還是很有耐心的，我做事還算細心。」

我問：「還有呢？你應該還有很多優點。」

他想了一想說：「同事和上司都說我做事情很專注。」

我說：「你有耐心、細心、專注力等優勢，這些就是你的職場競爭力啊。」

他說：「真沒認真想過自己有這些優點！」

二、夢想階段

在發現對方優勢的基礎上，和對方一起探索未來的新目標。

我問他：「接下來的一年，你有什麼新目標嗎？」

小千在剛才的啟發下，充滿了正能量，馬上提到了希望在工作方面更上一層樓，希望能再努力一下，一年後晉升為公司主管。

他說：「以前沒有想過，你今天問的時候，我就覺得敢於去想去做了。」

三、設計階段

和對方繼續溝通，探詢他對於實現未來目標的計畫。

我問：「為了實現新的目標，你會有哪些計畫呢？」

他馬上就提到了如何做好當前的專案管理，如何從和上司、同事、家人等的關係方面去努力，以及加強學習等。

四、命運階段

給予對方肯定的力量，探詢他實現目標的關鍵要素，鼓

勵他堅持以達成目標。

我接著說：「聽到你有這麼多好的想法，真是很振奮人心啊！」並問：「為了達成新目標，最關鍵的是要做好什麼事情呢？」

他思考了一會兒，堅定地說：「最重要的是做好和上司的溝通，主動承擔部門今年的重要工作項目，得到認同和支持。」他還說：「今天的對話對我很有價值，你沒有告訴我各種道理，但好像賦予了我能量，也讓我想清楚了很多事情。感謝你一直對我的信任，讓我覺得自己被欣賞、被認同，以後要多向你請教。」

我說：「剛才一直是我在問你問題，是我在請教你呢！」

最後，我們會心一笑！

請用自己的話語，談談欣賞式探詢為什麼會被推崇。

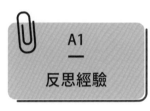

回顧自己曾被欣賞探詢的時刻，欣賞式探詢是如何發揮作用的？

_____

_____

_____

_____

_____

_____

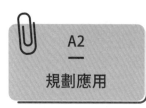

A2
—
規劃應用

選擇一位你非常想深入瞭解的同事或朋友，用欣賞式探詢展開一次深度對話交流，並記錄你的對話收穫。你認為欣賞式探詢是一種精神，還是一種工具？

A. 欣賞式探詢是一種精神。

B. 欣賞式探詢是一種工具。

C. 欣賞式探詢是一種精神，也是一種工具。

參考答案：C

_____

_____

_____

_____

_____

_____

_____

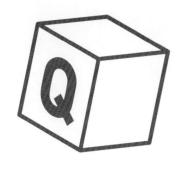

Chapter 03

問對這些問題，
加速個人成長

10 選擇地圖提問

為什麼別人發展得比我更好？

在我的人力資源職業生涯中，對兩個人記憶最深刻，他們分別是劉英才和吳傑。他們倆同時從同一所大學畢業；入職後，同時被安排清潔機器設備一個月；然後一同在生產作坊實習三個月；最後分配到同一個作坊流水線的前後工作崗位上。然而：

- 三年後，小劉成為部門主管，小吳仍然在當初分配的崗位上工作。
- 五年後，小劉成為生產作坊的經理，而小吳仍做著生產線上的一線操作工作。
- 十年後，小劉成為某公司生產副總，而小吳還在十年如一日地做著那份工作。

當他們的職涯出現明顯不同時，我開始觀察和思考：為什麼有些人升職那麼快，有些人仍在公司基層職位？這到底是什麼原因？我們希望能找到一個方法，將這些優秀之人的特質複製出來，用於培養更多的人才。

持續觀察幾年之後，我發現，成長快的人在看待問題時都特別積極，反之，成長慢的人則特別消極。積極的人面對事情時，會問自己：「在這個過程中學到了什麼？自己的目標是什麼？」他們非常關注哪些人、哪些事能幫助自己收穫和成長。而平庸的人看到事情時，則會抱怨：「我怎麼這麼失敗？為什麼他這樣對我？」

由此可見，你提出的問題就決定了你用怎樣的方式思考，所以，如果你能不斷提出並回答積極模式的問題，那麼就能幫助你打造積極的思維模式，使自己變成一個積極正向的人，成長也就會非常飛快。

那麼，要用什麼方法打造積極的思維模式來改變人生？

美國臨床心理學博士亞當斯（Marilee Adams）提出面對事情時使用「選擇地圖」[1]。當事情發生時，你可能有兩條道路可以走，就像我的兩位同事，他們其實走到了不同的道

---

1 《改變提問，改變人生》（*Change Your Questions, Change Your Life*），梅若李‧亞當斯（Marilee Adams），秦瑛譯（北京：機械工業出版社，2014 年）。

路上。一個人把自己當作學習者，始終專注在收穫上，抱著期待和好奇的心態，他提的問題是：「我想要什麼？我有哪些選擇？我最應該做什麼？」另一個人，則抱著批判心態，總問自己：「我為什麼如此失敗？為什麼這麼笨？為什麼他們要這樣對我？」

這是完全不同的兩條道路，一個走向了積極成長，而另一個陷入了消極批判者的泥淖。換言之，面對任何事情時，我們的內心都會有這樣的兩條道路，而至於走哪一條，在於你向自己提出的問題是什麼。

如果你當下已經起了怨懟之心，落入了埋怨和批判的狀態，比如抱怨老闆朝令夕改、孩子太不聽話、朋友太過分……，就沒有辦法讓自己離開這個批判狀態，以致負面情緒不斷發酵。這時，你可以用「ABCC 選擇法」[2]，把自己從這個批判狀態拉出來，重新回到積極狀態。多次重複這個方法之後，就能成為一個擁有積極狀態的人。

以下，舉一個我自己的例子來詳細說明。多年前，我是個朝九晚五的上班族，由於早上是通勤的尖峰時間，以致原本只要四十分鐘的路程，往往要延遲至七十分鐘，導致我經

---

2 《改變提問，改變人生》（*Change Your Questions, Change Your Life*），梅若李・亞當斯（Marilee Adams），秦瑛譯（北京：機械工業出版社，2014 年）。

> **專注在收穫方面的問題**
> ・我想要什麼？
> ・我能學到什麼？
> ・我做了哪些假設？
> ・我盡到自己的責任了嗎？
> ・我有哪些選擇？
> ・有哪些可能的對策？

常遲到，而這造成我每天早上一起床就開始念叨：「司機不守交通規則」、「今天的工作事情很煩」等。

有一天，我喋喋不休的叨念惹煩了老公，他朝著我怒吼：「你不抱怨會死呀！」

第二天早上，起床後，當我下意識又開始嘟嘟囔囔：「煩死啦，高速公路又塞車了，怎麼就不可以把上班時間錯開呀。今天又要遲到」時，忽然想到自己又在抱怨了，於是趕緊停了下來。

這時，我想起了 ABCC 選擇法，並嘗試用這個方法來分析自己。

- **察覺（Awareness）：問自己是不是在批判**。我發現自己確實是批判者的心態。因為我在抱怨、在指責

公司安排的上班時間不合理。

- **深呼吸（Breathe）：停止抱怨。**問自己是不是應該以更客觀的態度來看待這件事。

- **好奇（Curious）：到底發生了什麼？**客觀的情況是，當我起床收拾妥當準備出發時，道路已經開始塞車了，所以我一定會遲到，反觀住在我家附近的同事，卻幾乎不遲到。我意識到，其實是因為自己不願意在上班這件事情上多花一丁點兒時間，所以只預留了一點點的通勤時間，希望能壓線準時進辦公室，但結果卻總是遲到。

- **選擇（Choice）：今後怎麼辦？**是繼續抱怨、繼續煩躁，讓這樣的事情每天都影響我的工作和生活？還是記取遲到的教訓，從明天開始提早十五分鐘起床？我選擇了後者，不再繼續惡化我的抱怨。

　　我把自己從這個泥淖裡拔了出來。以後，再遇到類似的情形時，我就會問自己一些積極的問題，比如「我可以做點什麼來改變現狀」。後來，抱怨離我愈來愈遠了，家人也說我不再找他們吵架了。

　　當面對一件事情時，有人如從前的我一樣，不由自主

地看到不好的一面，認為這件事很煩、認為這件事情中的人令人生厭。此時，每個人都會同時面對「學習者心態之路」和「批判者心態之路」這一岔路口。當你向自己提出學習者的問題時，便走上學習者心態之路；反之，若你進入批判者心態之路時，請及時用 ABCC 選擇法，讓自己擺脫批判者的心態。

這些發生在生命中的每一件事，都在提醒我們、幫助我們以後在類似事情上做得更好，從而有效杜絕再次犯下同樣的錯誤。

圖 10　ABCC 選擇法的五步驟

01 意識到自己有情緒、有不好的想法存在。

02 問自己，是否是批判者的狀態？ **（A察覺）**

03 獲得肯定回答之後，先深呼吸平穩一下情緒並自問：「是否需要停下來退一步，以更客觀的態度看待這件事？」**（B深呼吸）**

04 以好奇的心態問問自己：「到底發生了什麼？」尋找現狀，梳理資訊。 **（C好奇）**

05 自問：「我的選擇是什麼？」並據此採取行動。**（C選擇）**

I

重述內容

你如何理解消極思考模式之於行為所產生的影響。

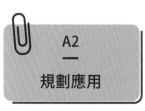

A2
—
規劃應用

請回憶最近一個月中,你出現過的一次不愉快的心情。可能是傷心,可能是憂鬱,請寫下在這次不愉快中你對自己或他人的批判,然後,再用 ABCC 選擇法調整自己的內心對話。

_____

_____

_____

_____

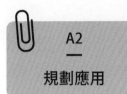

情境題:有位朋友打電話給你,抱怨說,老闆剛才又大發雷霆,自己的工作恐怕不保了;年底了,老婆還等著春節前的獎金,好湊齊房子的頭期款。朋友唉聲嘆氣了一個小時。此時你想將他從批判者心態拉到學習者心態,請練習看看,你們應該如何利用 ABCC 選擇法進行對話。

_____

_____

_____

_____

_____

_____

_____

_____

_____

11 GROW 模型

立定了目標，卻總是無法實現？

　　2017 年年底，在拆書幫某次針對目標管理的讀書和分享活動中，琪琪在分享「過去經驗」的環節時說：「我年初訂定了英語計畫，希望在年底時能用流利的英語對話。」現場的夥伴聽到了，立即說：「說幾句英文來聽聽！」琪琪嘆著氣說：「你們知道的，根本沒有堅持下去呀。」

　　她說，她在 2015 年和 2016 年的年計畫中，都有學習英語的目標，可是到了年底時都發現，要不學了幾個月就放棄了，要不買了不少的英語學習書、網路課程，有一年還參加了一個很貴的英文俱樂部，但現在的英語水準比原來的還要差。琪琪說：「今天學習目標管理，我要弄清楚怎樣才能實現學英語的目標。」

其實，我很想問琪琪，用流利的英語對話真的是你想要的嗎？你掌握這個技能後有什麼實際的用處？在我身邊有一小部分人，他們在計畫開始一件事情前，會先問自己：

「這是我想做的事情嗎？」

「我做這件事的目的是什麼？」

「我的行動計畫可以支撐目標完成嗎？」

每每這樣追問自己之後，他們都會放棄一些很熱門、很有創意、看起來對他們有幫助的目標，而將全副精力集中在他們真正要實現的事情和行動上——目標感強烈，是這一類成功人士的法寶。

那麼，如何塑造你的目標感，InsideOut Development 公司的總裁艾倫・范恩（Alan Fine）提出了「GROW 模型」[3]，這是種簡單易行的方法，能幫助我們在生活的各個方面更加專注，減少干擾，最終提升表現。

GROW 模型能夠引導我們做出更好的決定，而它是由四個步驟所組成：

❶ **目標（Goal）**：我們想做的事。

3 《潛力量：GROW 教練模型幫你激發潛能》（*You Already Know How to Be Great*），艾倫・范恩（Alan Fine）、麗貝卡・梅里爾（Rebecca R. Merrill）著，王明偉譯（北京：機械工業出版社，2015 年）。

❷ **現狀（Reality）**：我們所面對的狀況，或者我們認為的狀況。

❸ **方案（Options）**：我們如何從現狀到達目標。

❹ **行動（Way Forward）**：我們想採取的行動。

看著這個模型，你可能在想「哦，好像我生活中的很多事情，都經過這樣一連串的步驟」。沒錯，在日常生活中我們做的大大小小決定，且無論是有意識、無意識的，都會用到 GROW 模型的這四個步驟，然而，我們往往並沒有按照先定目標、次看現狀、再找方案，最後做出行動的順序進行。

多年前我工作的地點沒有直達公車，要轉兩次車，上下班要花兩小時左右的時間。一次回家後，放學早、先回到家的寶貝哭哭啼啼地說害怕。我就想：「怎麼辦？買電動車吧，能早點回家。」一衝動，週末就去買了一輛電動車。買了電動車後，發現自己膽子非常小，根本不敢騎車上路。再後來，發現滴滴出行有拼車服務，於是找到了住在同一個社區且和我在同一個辦公大樓上班的人，每天拼車上下班，這樣就可以和寶貝差不多在同一時間回到家裡。然而，電動車在買了之後一直放在那裡，還捨不得賣，

最後不翼而飛了。

如果開始做決定前，先思考解決這件事情的方案有哪些，想清楚了再去行動，就不會出現電動車買了無用、後來還搞丟的事了。

和大家分享 GROW 模型時，很多人都下意識地認為自己是按照 GROW 模型四步驟的順序處理問題，但事實上卻並不總是這樣。我們的想法常常在這四個步驟中跳來跳去，以致最後消耗掉了熱情，浪費了腦細胞，還可能白花了錢。

圖 11　GROW 模型四步驟

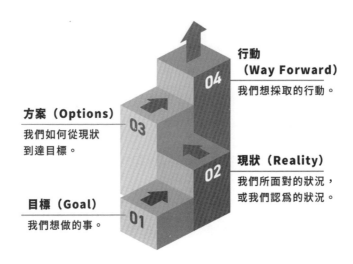

一、目標

確立目標的過程中，干擾非常多，比如：被別人請求幫忙不好意思拒絕、自己有了新的創意就想執行、想起過去有件想做但沒做的事情就一定要做等等。面對這些干擾，要問問自己：

「這些都是你想要的嗎？」

「你想解決的是什麼問題？」

「如果你不採取行動，會有什麼後果？」

當一件事情出現時，不要跳過步驟去尋找解決方案，而是先問自己一些啟發性的問題，如此才能幫助自己和他人找到真正的目標。目標有助個人成長，提高你的整體表現。

二、現狀

確立目標之後，就要根據目標收集各種資源。此時我們要拋棄自身的主觀判斷，比如「這個目標的資源不夠」等問題，而是要想一下客觀的問題，比如：

「為了實現這個目標，我們可以找到哪些資源？」

「有哪些相關的客觀事實存在？」

「有哪些障礙可能會阻礙我們達成目標？」

比如開頭提到的範例琪琪，她為了學好英語買了書、課程、參加了英語俱樂部，但這些並沒有讓她實現目標。阻礙她實現目標的原因在於，她的生活和工作都不常使用英語，她未來也沒有需要英語這門語言的任何計畫。

三、方案

欲從現狀到達目標，需要可行的方案，此時可自問：

「我們如何從現狀到達目標？」

「我們可以怎麼做？」

可以使用一些腦力激盪的方式，天馬行空的去找出各種可能的可行方案。

四、行動

最後，從多個方案中挑出可以具體行動的內容。方案可能很多，但一定只有一個方案是最適合且能被執行的。此時，要藉由如下問題時刻提醒自己：

「我的目標是什麼？」

「哪個方案可以實現我們的目標？」

「哪個方案可以讓我們有動力堅持到目標完成？」

方案有了之後，要列出行動計畫，此時要問：

「為了達成短期或長期的目標，需要做什麼？」
「什麼時間點要開始和結束？」
「在此過程中都需要哪些人去做哪些事情？」

以上，就是使用 GROW 模型以圍繞在目標做出決定時的過程，其中的每一步都關注在我們想要什麼結果而展開，每一步都關注在如何實現目標、具體進行。時刻盯住靶心，才能走在執行目標的正道上。

我的朋友小琳是個目標感非常強的人。她和我分享了她如何運用 GROW 模型，思考打電話給我討論專案的過程。

最近小琳和我說了一個新的工作專案，並且想讓公司啟動這項專案。然而，這項專案和我們的業務關係不大，所以我不同意，但她還是想打電話給我再說說。當她拿起電話的一瞬間，停住了撥號，問自己：「我如何才能說服真姐呢？」她想了很多，但都覺得不能解決問題，最後想到了 GROW 模型。

第一步，目標。「我為什麼要打這個電話？打這個電話後我期待達到的結果是什麼？」她一番自問自答後得到了答案——期待真姐能同意這個專案計畫。有了這個目

的，還不能實現她的想法，於是進入第二步。

第二步，現狀。目前的現狀是什麼？我們現在有哪些資源？我們做過什麼？有哪些難處？思考良久，寫寫畫畫無數張紙後，理出七、八條能在電話裡溝通的內容。

第三步，方案。在梳理自己寫的理由時，她找到了一個電話溝通的主題──探討這個專案與公司核心技術的關係是什麼？如何建立起關系？

第四步，行動。她撥通了我的電話。大約只說了十分鐘，我就決定同意小琳提出的新專案了。

打這個電話的過程實則是在討論工作，不過小琳運用GROW 模型釐清了自己要打電話的目的，並聚焦在這一目的，找到了和我溝通的行動方案，然後在短短的十分鐘內，一個一開始被否決的專案最終順利通過。

很多時候，目標之所以無法執行，在於你做的是根本不需要做的事情，以致失去了重點；或者你的執行方案不能支持目標達成，浪費了時間，甚至搶占了實現真正目標的所需資源。所以，當我們在決定如何做一件事時，要先使用GROW 模型，想一想這個目標確實是你要的嗎？然後將所有行動都圍繞在核心目標上，再開始分析現狀、確定方案和行動。

拆為己用

|
—
重述內容

使用 GROW 模型時，你覺得最困難的地方是什麼。

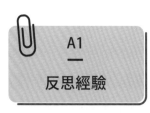

A1
—
反思經驗

為自己的工作目標感打分數，1 至 10 分，目標感非常強為 10 分，幾乎沒有目標感為 1 分。

_____

_____

_____

_____

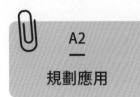

A2
——
規劃應用

請進行目標感提升的計畫，其中包含提升的目標感分數，以及如何運用 GROW 模型達到這個分數。

❶ 我的目標感得分：＿＿＿＿＿＿

❷ 我計畫在＿＿＿月內，將目標感從現在＿＿＿分，
提升到＿＿＿分。

❸ 我的計畫＿＿＿＿＿＿＿＿＿＿＿＿＿＿＿＿＿＿。

_____

_____

_____

_____

_____

_____

_____

_____

12 正面提問三原則
改變提問方式，就能改變思維模式

讀完前面的章節，我們已經體會到好的提問可以促進交流、贏得尊重、引發思考、加速學習……，而這些主要說的是如何向別人提問。接下來，在這一單元我們要關注的則是如何向自己提問。我們以什麼樣的方式向自己提問，會影響到我們的心態和思考方向。

曾經，有一個名叫安東的同事從其他部門調到我的部門。他以前的部門主管跟我說，這個小夥子名校畢業，非常聰明，據說他的智商測驗有一百三十多分，工作上手得很快，但有一點不好：愛抱怨，比較悲觀消極。

我帶了安東一段時間，發現他還真是這樣。於是，我把他拉到公司樓下咖啡廳跟他聊聊天，還安排了一項任務給

他，就是要他記錄自己每天脫口而出的負面話語，且要連續記錄三天。雖然安東不太情願，但還是接受了。

安東對我說，這個記錄下來他自己嚇了一跳，才發現自己原來這麼愛抱怨。

安東的負面話語清單
- 為什麼時間這麼緊迫？
- 為何計畫總是在變？
- 為什麼文件都不能按時交齊？
- 為什麼事先不通知？
- 為什麼跨部門溝通總失敗？
- 為什麼錢不夠花？
- 為什麼我們部門工作量這麼多？
- 為什麼好多工作不能提前安排？
- 到底要等到什麼時候，公司高層才能提供更多的資源？
- 為什麼老是人手不足？
- ......

其實，很多人都和安東一樣，從小到大都習慣於抱怨、推諉、拖延。例如：

· 小時候的抱怨

「為什麼總是有這麼多功課啊！」

「是不是這些不用今天寫呀？」

「能不能先看完卡通再寫作業？」

「我的作業被貓吃了……」

・ 工作後的抱怨

「為什麼時間這麼急迫？」

「怎麼老是把他們的工作丟給我們？」

「要不這個彙報到晚上再寫吧。」

「我的付出與回報不對等……」

・ 婚姻中的抱怨

「為什麼你不替我著想一下？」

「我工作都那麼累了，哄孩子這件事應該你做吧？」

「等到孩子長大一點再說吧。」

「我當初娶的要是另一個就好了……」

　　這些話，我們都耳熟能詳。每天都會聽到身邊的人說，自己也會說。一方面，抱怨、推諉、拖延；一方面，又覺得自己懷才不遇，遇人不淑。這樣的表現，可以稱之為「被害者心態」，而類似心態所導致的結果，可能會包括：成長緩慢、情商較低、給人感覺不夠正能量、做事不可靠，職場路和人生路都愈走愈窄。

每個人都知道抱怨並無益處也無意義，但如何改變呢？僅僅跟人說「你不要抱怨，不要想著別人的責任……」是沒用的。事實上，提問本身就是個十分巧妙的切入點，為此，請關注自己提出的問題。只要把一些常見的提問轉換為另外的提問方式，這樣看似小小的語言改變，就能帶來巨大的思維轉換。

簡而言之，答案就在問題之中[4]，或者說，提問的方向決定了答案的品質。對此，我們給出如下的「正面提問三原則」。

第一，少問「為什麼」，多問「如何」、「怎樣」。回顧一下安東記下來的那些問題——「為何計畫總是在變？」「為什麼文件都不能按時交齊？」「為什麼事先不通知？」等，很多都是以「為什麼」開頭。提這樣的問題，並不是為了解決問題，並不是為了規劃行動，也不是為了更加理解，只是抱怨、責怪別人而已。

除此之外，其他類似的「到底要等到什麼時候，公司高層才能提供更多的資源？」，也不是真的想要瞭解進展和時機，只是發牢騷罷了。然而，也不是「為什麼」這三個

---

4 《QBQ，問題背後的問題》（*QBQ! The Question Behind The Question*；繁體中文版為《QBQ！問題背後的問題》），約翰‧米勒（John G. Miller），李津石譯（北京：電子工業出版社，2015 年）。

字不好，而是很多時候抱怨、推諉、拖延的心態會藉由「為什麼」這種說法表達出來。與此相對，如果把提問換成「怎樣」、「該如何」，把關注焦點放在行動方案、解決問題上，比如「要實踐這個計畫現在需要做什麼？」「怎樣確保文件盡可能按時交？」「通知下來了，時間很急迫，我們該如何做？」等。

第二，**提問中要包括「我」**。原因是，提問中說到「他」、「他們」、「你們」、「誰」……這些人做什麼、想什麼，其實你都控制不了。若總是把關注放在自己控制不了的事情上，那八成會怨天尤人。你唯一能控制的人是誰？只有你自己。所以提問中最好把「我」放進去，這樣才能保證可以確實行動，例如：「現在我能做些什麼？」「我該找誰請教，就不至於束手無策了？」

第三，**問題中一定要有動詞**。動詞意味著行動，意味著你把關注放在下一步要做什麼，要達到什麼結果。我們可以發現，一個負面抱怨的問題，可能對應多個積極主動問題，比如「為什麼錢不夠花」，可以對應「如何增加理財能力」、「怎樣賺更多的錢」等。

現在，讓我們練習一下，該如何從消極抱怨的問題轉化為積極主動的提問。

圖 12　正面提問三原則

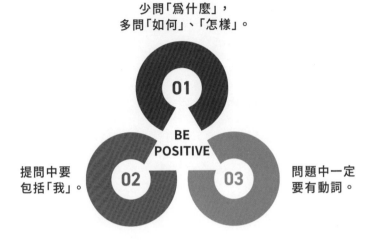

少問「爲什麼」，
多問「如何」、「怎樣」。

BE POSITIVE

01

提問中要
包括「我」。

02　03

問題中一定
要有動詞。

「爲什麼這些事都是我做？」

這個提問如何改變？可以有以下幾種可能：

「我怎樣能做好這些事？」

「我如何讓主管認定這些事不該我做？」

「做這些事可以如何為我帶來長期回報？」

「怎麼我總是遇到這麼奇葩的客戶和主管？」

這個提問如何改變？可以有以下幾種可能：

「下次在見這個客戶前，我要做哪些準備？」

「我去哪裡開發更多客戶，避免壓寶同一人全盤皆輸？」

「我具備了哪些能力或資歷後，就可以放心炒掉這個老闆了？」

「為什麼我就是找不到對象呢？」

這個提問又如何改變？可以有以下幾種可能：

「我做些什麼就能提高找到對象的機率？」

「如何提升相親的效率？」

說到這裡，順帶一提，無論相親還是面試，最好都要關注一下對方的思維方式，看看對方是不是習慣於抱怨、推諉、拖延。你可以在面試和相親中設計一些問題，如此一來，就能從對方的回答中，快速且有效地判斷對方是正面積極的人，還是負面消極的人。

重述內容

按照「正面提問三原則」，一定不能問以「為什麼」開頭的問題嗎？你認同這一點嗎？

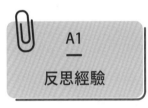

A1
—
反思經驗

你最近有過哪些抱怨、推諉或拖延的問題？請寫下來，然後給出三個以上的正面積極提問。每個問題代表一個解決思路，隱含一個答案。請替每個障礙探尋不同的解決思路，以持續保持積極主動的心態。

_____

_____

_____

_____

A2
—
規劃應用

情境題：孩子說：「為什麼作業永遠都寫不完呀？」這時，
做父母的最好如何回應：

    A. 你要不是拖拖拉拉，早就寫完了！

    B. 你覺得寫作業的時間太長了，都沒有時間玩。
       關於這個問題，我們一起看看能做些什麼？

    C. 你為什麼老是抱怨呢？

    D. 老師要你寫作業，也是為了你好呀！

    參考答案：B

13 採訪型提問

如何在面試中掌握主動權？

　　但凡職場人都有面試的經驗。每次面試，你都會被問無數問題，那麼在最近一次的面試中，除了自我介紹之外，你還被問過以下哪些問題呢？

❶ 請介紹你的工作經歷。

❷ 你的工作職責有哪些？

❸ 狀況題，類似這樣：「你追了三個月的一筆銷售業務被同事搶走了，該怎麼辦？」

❹ 請描述你最糟糕的一次失敗經歷。

❺ 你平時喜歡看什麼書？

　　我猜你至少選了兩個，或者也有可能以上這幾個你都選

了。為什麼面試官會問這些問題？我們先留個疑問在此。

現在，請回想一下你在面試中問過什麼問題？以下兩個問題，你問過嗎？

❶ 月薪多少？公司有哪些福利？

❷ 我的工作職責有哪些？

當你問出這兩個問題時，面試官會如何看待你呢？現在，讓我們帶著這兩大疑問來學習「採訪型提問」[5]，瞭解面試中所提問題的含義，幫助我們在面試前透過自我提問，做好充足的準備，輕鬆應對面試。

面試時所問的問題，通常屬於採訪型問題。採訪型問題有一些基本的模式和範疇，主要包含四個方面：自我介紹、分享願景、承認挫折和挑戰，以及「擊打曲線球」（出其不意的問題）。

自我介紹、承認挫折和挑戰的問題，重點是你過去做了什麼；而分享願景等問題，則是藉由一些假設情境，看你怎樣處理。至於「擊打曲線球」是提出一些與工作無關，或轉換視角的問題。

---

5 《提問的力量》（*Ask More*；繁體中文版爲《精準提問的力量》），法蘭克・賽斯諾（Frank Sesno）著・江宜芬譯（北京：中國友誼出版公司，2017 年）。

圖 13　面試中常見的四大關鍵提問

以下，我們分別詳細說明這四個方面問題的含義，以及在面試之前要如何自我提問這些問題。

一、自我介紹

自我介紹的常見問題
- 你是誰？
- 你做過什麼？
- 你有何成就？

自我介紹是面試中最基礎的環節，一般面試官提出的第一個問題就屬於這一類。他們會說，請介紹一下你自己，

說說你過往的工作經驗。透過這些問題，面試官想瞭解你的資歷，確認你的基本背景資訊是否符合職位要求。然而，如果你真的只回答了「我有什麼工作經驗，我的學歷是什麼，我做過什麼事情」，那麼你只回答了問題的 50%，因為這些資訊只說了你是誰，並不能說明你的能力水準。事實上，面試官在這裡期待聽到你的業績描述，比如業績完成的具體情況和關鍵資料。

二、分享願景

面試官提出的情境問題
· 「一位同事告訴你，她認為自己的付出與薪酬不成比例。其他人的薪水比她高，但工作量相同。」
· 「你追蹤了三個月的一筆銷售業務，被同事搶走了，怎麼辦？」
· 「假如我們錄取了你，並要你接手一個爛攤子，你如何在一個月內全部理順？」

這個環節需要你想像自己已經在新的工作崗位上展開工作了。一般來說，面試官會提出一個該職位的挑戰或事件，請你回答如何應對。

這類問題叫做情境型問題，問題格式為：情境描述＋充滿挑戰的選擇。藉由你的回答，能展示你對假設事件的處理方式，讓面試官更充分瞭解你的目標、你面對問題時的思考方式、做決定的依據，以及專業能力的展現。此外，在你的回答中，還能清楚你是否曾經遇過類似的事情，處理這些事情手法的嫻熟程度。面試官之所以在面試中提出這些問題，通常是因為你對過往經歷的描述，還不能夠讓面試官準確預測你未來的工作表現，因此，他希望透過這種方式再次印證內心的各種假設。

三、承認挫折和挑戰

這類問題是想知道你曾經歷過的最艱難的事情、棘手的決定、失敗和衝突。此時你可能被要求回答類似這樣的問題：「你最糟糕的一次失敗經歷，你經歷的最困難、痛苦的事情是什麼事？請說說這些事情的處理細節。」

記住，真誠回答才是面試官願意聽的內容。如果說謊偽造故事，細節會很難說清楚。面試官會透過你的回答，瞭解你在困難處境中的選擇和做事方式，以及你是否善於歸納經驗教訓，從而推測你承受壓力的能力、在新工作中處理難題的方式和速度，並判斷這樣是否為企業所接受和欣賞的。

四、擊打曲線球

這類問題往往出其不意，不在你的預期中；這類問題是為了觀察你的應變能力和創意，同時瞭解你的價值觀，從而判斷你是否適合該公司的文化。

這類問題通常出現在面試的後半場，或更高層級的面試官面試時。面試官提出的每個問題都有其背後含義，每個問題的答案都會用於判斷你的某個方面。為此，參加面試前，請依據你要應徵的職位和企業背景，多做自問自答練習，以做到有備無患。

面試官的問題回答完了，此時面試官對你有了一定的意向，他就會主動詢問你有什麼問題想瞭解。此時的問題至關重要，然而很多時候，人們會錯失這個機會。有的人會提出薪資、福利或休假等問題，這些問題表明他的關注重點在薪酬，而對工作本身缺乏興趣。還有的人會問「我的工作職責有哪些？」這類問題，則表示他沒有仔細查看招募廣告中的職責描述。

聰明的你應該問：「我的工作職責中有哪些難處？」還可以問公司目標、過往的歷史和發展前景等方面的問題。這些問題反映出你想更深入瞭解公司、瞭解職位，代表著你在考慮公司是否適合你。面試官要的就是你的這份用心，同時，問題的深度也反映出你的思考深度。

此時如果實在想不出該問什麼，送你一個魔法問題：「我怎樣才能成為公司的優秀員工？」這能傳遞給面試官你積極進取的心。另外，還需要注意，如果面試官沒有邀請你提問，那可能意味著他對你不很看好，這時則不宜畫蛇添足，就此打住，說不定還能留下一個好印象。

總之，要讓面試官認可你，需要藉由自問自答的方式準備面試官要問的問題，並找到你要提問的問題。以下歸納出四類應多多練習的自問自答題目，並給出部分問題清單。

❶ **自我介紹**：呈現你的經歷和工作能力。我的職責有哪些？有什麼工作上的成績？這些成績可以用什麼資料說明？這些成績給下一個工作和團隊帶來什麼影響？我是怎樣做到這些成績的？

❷ **分享願景**：藉由假設進一步瞭解對未來的期待，並思考如何運用過往的經驗。關注在你應徵的職位，並向自己模擬提出一個「情境描述＋充滿挑戰」的

問題。

❸ **承認挫折和挑戰**：呈現你在困難處境中的價值選擇和做事方式。問自己：「你在工作中做過的最艱難決定是什麼？你是如何著手執行這一決定的？」

❹ **擊打曲線球**：呈現你的創意、價值觀、思維模式。留意職場上這類出其不意的曲線球問題。

當然，這個採訪型提問除了能用在面試，還可以運用在認識新朋友、相親等社交場合。比如，在聚會時你新認識了一位成功人士，可以用承認挫折和挑戰的問題打開話題，比如：「你曾經有過的最瘋狂想法是什麼？後來實現了嗎？」在相親中，用分享願景的問題，向你的相親對象提問。比如：「假設未來你內心想從事自己喜歡的工作，但現在的工作能給你不錯的待遇，你會如選擇？」用這樣的問題，可以瞭解他對待工作的態度如何。

如果想充裕地準備面試,你會選擇上述中哪些問題進行準備呢?請說明原因。

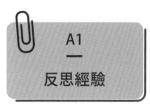

請回想一下你的面試經驗,挑選一個面試官曾問過讓你記憶深刻的問題。寫下來,然後辨識一下這個問題屬於面試中的哪一類。

_____

_____

_____

_____

14 覆盤

向過去學習，實現複利式的進步

　　大部分朋友都經歷過面試，甚至經歷過多次面試，當面試失敗時，我們是怎樣總結經驗、記取教訓的呢？為什麼有的人一直保持同樣的能力水準，甚至退步，而有的人卻一天天不斷進步呢？

　　有位夥伴來參加廣州的拆書幫活動。他說他在每次面試後都會做總結和覆盤，但作用卻不大。那次剛好拆書的主題就是覆盤，而在現場學習和交流的過程中，他終於意識到，自己以往的經驗總結，或者過於廣泛，或者容易為對方找問題，為自己找藉口、找臺階下。所以，儘管以往做了很多總結，下一次又犯了很多同樣的錯誤。

　　我們可能都知道投資界有個複利投資祕訣。股神巴菲

特（Warren Buffett）從二十七歲開始就有炒股的業績記錄，六十年後達到 62,740 倍的收益，年複利是 20.2%，成為全世界最有成就的投資家。

這個複利公式是： $F=P(1+i)^n$ 其中：F 代表複利終值，P 代表本金，i 代表利率，n 代表期數。假設我們經驗值的初始值是 1，如果我們每天進步 1%，一年 365 天後，我們會變成怎樣的自己？採用複利的公式進行計算，會非常驚訝地發現，一年之後，我們得到了 37.8 倍的成長！當然，這只是理想化的數學計算，但還是說明了堅持每天讓自己進步一點點，意義非凡。那麼，如何才能讓自己每天都在持續進步呢？

要想每天進步一點點，需要將自己或他人的教訓變成經驗，再將經驗變成智慧。有個學習方法可以幫助我們做到這一點，那就是以提問思維貫穿全程的「覆盤學習方法論」[6]。

什麼是覆盤？

「覆盤」原是圍棋術語，本意是對弈者下完一盤棋之後，重新在棋盤上把對弈過程擺一遍，看看哪些地方下得好，哪些地方下得不好，哪些地方可以有不同甚至是更好的

---

6 《覆盤》，陳中著（北京：機械工業出版社，2013 年）。

下法等。正如中國聯想集團創始人柳傳志所說:「所謂覆盤,就是一件事做完了後,不論失敗或成功都重新演練一遍。」尤其是對於失敗的事情,在重新演練的過程中,能重新梳理我們預先怎樣定的、中間出了什麼問題、為什麼失敗,把這個過程梳理一遍之後,下次再做的時候就能夠吸取這次的經驗教訓了。

基於覆盤的概念和長期的實踐,聯想集團於 2011 年提出覆盤的操作步驟,包括四個階段:回顧目標、評估結果、分析原因、總結經驗。

我們可以對長期的大事情進行全面的覆盤或階段性覆盤,也可以對短期的小事情做即時覆盤 —— 任何時候、任

圖 14　覆盤的四階段提問

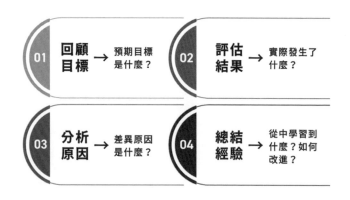

01	回顧目標 → 預期目標是什麼?
02	評估結果 → 實際發生了什麼?
03	分析原因 → 差異原因是什麼?
04	總結經驗 → 從中學習到什麼?如何改進?

何地點、任何事情，只要覺得有必要都可以進行覆盤。

拆書幫在組織學習活動中，基本上都有覆盤學習的習慣。舉辦一場活動，會後就進行覆盤回顧；完成一次拆書分享，會習慣性覆盤；完成一項任務，會展開一次覆盤。透過覆盤，老師和學員都得到了更快速的個人成長。

我們知道，「覆盤」實質是從經驗中學習，從行動中學習，避免犯重複的錯誤，找到規律，為了以後做得更好。那麼，大家可能會有疑問，覆盤不就是反省總結嗎？

雖然覆盤也是一種形式的總結，但嚴格來說，工作總結並不完全等同於覆盤。覆盤與總結有兩個非常重要的區別。

❶ **覆盤是結構化的總結方法**：我們都知道，總結的做法往往是先談過往的成績、經驗，然後分析存在的問題，整理未來的工作思路。總結通常沒有固定的結構，最常見的是缺少對目標的分析回顧。與此相對，覆盤具有明確的結構與要素，必須遵從特定的步驟進行操作，不僅要回顧目標與事實，也要對差異的原因進行分析，從而得出經驗與教訓，並制定改進計畫，才算是完整的覆盤。

❷ **覆盤是以學習為導向的**：一般的工作總結往往會以陳述自己的成績為主，忽略不足。然而覆盤的目的不是追究哪個人的功過得失，而是忠實還原事實、分析差異、反思自

我，找到未來可以改進的地方，覆盤的過程是學習導向的。

在此，我們的重點是介紹如何將覆盤應用於個人學習，現在，讓我們以一次失敗的面試經歷為例，詳細說明如何進行覆盤的四階段提問。

第一階段：回顧目標

這是覆盤最重要的起點，先回顧預期目標是什麼。很多人到了覆盤時才發現，根本沒有制定目標，或目標太模糊，不夠清晰、具體。

※ 以面試為例：

這次面試的目標是什麼？覆盤時發現，除了「通過面試」這個大目標，沒有分解出具體、清晰的小目標，比如自信的自我介紹、面試過程的心理狀態等。

第二階段：評估結果

要對發生的事實和結果進行實事求是的客觀描述，可分為亮點和不足兩個方面。提問要點是，實際發生了什麼？是什麼情況下發生的？怎樣發生的？

※ 以面試為例：

· 亮點方面：自我介紹很流暢；個人經驗方面，突出

了個人的能力優勢等。

- 不足方面：面試過程緊張；對未來的工作設想沒有說到重點；有一個專業問題沒有回答出來。

第三階段：分析原因

完成目標回顧和事實呈現後，接下來就可以進行分析診斷，找出和預期目標差異的原因。提問要點是，做得好的方面，成功的因素是什麼？不足的地方，失敗的因素是什麼？

※ 以面試為例：

- 好的方面：自我介紹流暢，因為之前做了很多演練；介紹經驗，描述了關鍵點和細節等。
- 不足之處：面試前沒有預計到會有八位面試官，以致表現得不夠鎮定；對工作設想，準備階段不充分，思路不清晰；準備專業問題時太狹隘，沒考慮到涉及跨專業方面的問題。

第四階段：總結經驗

這一步是要從行動中學習到經驗教訓，並改進未來的行動。提問要點是，我們從中學習到了什麼新的東西？有哪些經驗或規律？以後如何改進？

※ 以面試為例：

- 提前熟悉現場環境，下次至少要提前四十五分鐘到。
- 要高估面試官的人數，按照超過八位面試官的人數進行面試準備。
- 要預演面試流程，並計時確保自主控制部分不超時。
- 需要準備跨專業的問題應答，列出準備問題清單。
- 對未來工作設想，需結合面試企業的發展規劃、企業文化和職位特點進行準備。

這樣，我們就完成了一次超越一般總結的覆盤啦！這是我們每個人都可以使用的覆盤方法論，同時這也是一種持續回饋、不斷優化的學習方式。

在覆盤過程中，我們經常用蘋果和洋蔥來代表兩種不同的回饋意見。蘋果香甜可口，代表做得好的方面；洋蔥有點嗆人，但很有營養，代表可以做得更好的方面。

成長比成功更加重要。 希望各位養成覆盤的好習慣，每天吃蘋果，也要吃洋蔥，堅持讓自己實現每天 1% 的進步，成為更好的自己。

重述內容

關於覆盤方法論，以下描述哪些是錯誤的（多選）：

A. 覆盤是以分析原因為主。

B. 覆盤的第一步是回顧目標。

C. 覆盤和傳統的反省總結是一樣的。

D. 覆盤既可以用於組織學習發展，也可以用於個人學習發展。

參考答案：A、C

_____

_____

_____

_____

A1
—
反思經驗

反思自己過往所做的「總結」和「覆盤」的根本差異，體現在哪方面？

_____

_____

_____

_____

A2
—
規劃應用

你會將覆盤這種提問方法，應用在工作或生活中的哪些面向呢？

_____

_____

_____

_____

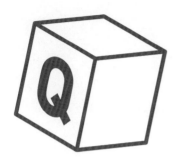

Chapter 04——

如何透過提問，
攻克職場上的難題？

15

SCQA 模型

如何快速挖掘出問題的本質？

最近，在一次拆書幫的活動中，有個夥伴前來求助。他工作兩年了，準備換工作。他說：「昨天收到了兩份入職通知。這兩個職位的條件都差不多，不知道選擇哪一家好。」現場夥伴七嘴八舌幫他比較，但比較之後，大家發現這兩家公司的確差不多，好難選擇。

活動結束後，這位夥伴請教威望高的嚴總。嚴總說：「當兩個公司的職位、薪酬等都差不多時，你可以關注以下三個方面：工作環境和設施、員工餐廳以及廁所。工作環境和設施可以反映公司的財務情況，員工餐廳可以觀察公司對員工的重視程度，而廁所則反映出公司的內部管理狀況。透過這些，可以瞭解到你看不見的地方，讓你知道哪家公司更

適合你。」

嚴總靠人生閱歷和洞察力，快速為這位夥伴鎖定了解決問題的方向。然而很多時候，尤其在我們剛接觸到某類新事物時，或者當我們的人生閱歷不夠時，便無法具備這樣的洞察力。此時，可以運用 SCQA 模型[1]，對一件事情的四個層面進行分析，從而找出問題的本質。這樣假以時日，不需要十年的工作經歷，也能快速找到解決難題的突破口了。

圖 15　SCQA 模型的四個步驟

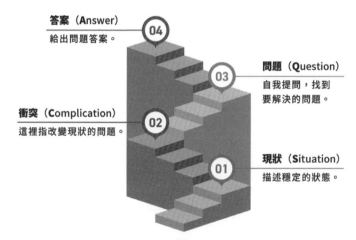

答案（**A**nswer）
給出問題答案。

問題（**Q**uestion）
自我提問，找到
要解決的問題。

衝突（**C**omplication）
這裡指改變現狀的問題。

現狀（**S**ituation）
描述穩定的狀態。

**首先要確認問題的所有者是誰，
再按照上述步驟分析問題。**

---

1 《麥肯錫問題分析與解決技巧》（問題解決のセオリー；繁體中文版為《麥肯錫問題分析與解決技巧》），高杉尚孝著，鄭舜瓏譯（北京：北京時代華文書局，2018 年）。

現在，讓我們用一個案例來解釋 SCQA 模型的每個步驟以及如何實際應用。

案例背景：我的同事小林，昨天經理當著同事的面罵他，他很苦惱，不知道以後怎麼辦。事情的起因是，他為同事做的招標書沒有滿足客戶的需求。

首先要確認這是誰的問題。在這個例子中，如果是小林的經理來找我，那麼問題所有者就是經理。而現在有苦惱、想解決問題的是小林，所以問題的所有者是小林。

一、現狀：描述穩定的狀態

小林每天正常上班，完成職責內的工作，為銷售同事製作招標書。

在這一步，要描寫當事者穩定的狀態，即發生事情之前當事者的生活或工作狀態如何。這裡的穩定狀態並不一定是平安無事，即使處於非常困難的狀況，只要是持續穩定的，都屬於我們所描述的「穩定」狀態，比如小王年初辭職之後，持續四個多月沒有找到工作，眼看著手中的錢不能支付下個月的生活費了，陷入極度焦慮中。這種困難的生活狀態也是小王所處的「穩定」狀態。

在這個環節中，要描述當事者期待解決問題後的目標。

小林的目標，是希望以後經理不要再因為招標書的事批評他，也不希望因為這樣的事情引起工作上的變動。

二、衝突：陳述改變現狀的問題

打破小林現狀的事情，是他的經理在同事面前罵他。這是小林第一次遇到，他覺得很受傷，有種衝動想辭職。待情緒冷靜下來之後，考慮沒有必要因此就捨棄自己喜歡的工作，但內心的難受仍消化不了，這件事情就成了他必須要過去的坎。

> **工作中改變現狀的常見問題**
> ·上司交代一個新任務。
> ·和同事發生衝突。
> ·工作任務突然加劇。
> ·工作環境變化。

三、問題：自我提問

小林在經理責罵他之後，情緒上有了強烈的波動，然而當他稍微平靜時，大腦裡浮現出一個疑問：「為什麼經理要這樣對我？」這個疑問反映出小林關心的角度，並想找出原因，而這可能就是小林要解決的問題。此外，小林還可能有

這些疑問：

「未來如何和經理相處？」

「經理會不會炒我魷魚？」

「以前都沒有過，今天經理遇到什麼不好的事情嗎？」

「我的招標書怎樣才能做得更好？」

　　這個環節是當事人發散式的自我提問，出發點是如何從根本上解決問題。發散式提問可以用腦力激盪的方式，不斷向自己提出疑問；當我們假設的疑問愈來愈多時，就愈能看到有什麼問題被我們忽略了。然後對問題進行分析，進而找到哪個問題是最重要的。

　　我們一起來看小林的各種提問：

　　「未來我如何和經理相處？」→這個問題解決後，如果下次再有招標書出錯、客戶投訴，經理會不會放過小林呢？肯定不會。

　　「經理會不會炒我魷魚？」→之前沒有任何徵兆，因為這件事就炒魷魚，有點說不通。

　　「以前都沒有過，今天經理遇到什麼不好的事情嗎？」→經理遇到什麼事情，不是小林能夠解決的。小林如果鑽牛角尖這個問題，也就只能是下次彙報工作前察言觀色一下；

但小林如果出錯，經理哪怕心情再好，也一樣會批評小林。

「我的招標書怎樣才能做得更好？」 →解決這個問題後，能夠讓經理認可小林製作的招標書，以後也能做出漂亮的招標書。哪怕經理脾氣再不好，也不會天天找碴。

如何判斷哪個是我們要解決的最重要問題呢？在提問過程中我們必須不斷追問自己：

「解決這個問題，能真正解決顛覆現狀的問題嗎？」

「如果是這個問題，我能解決嗎？」

「解決這個問題，可以實現我的目標嗎？」

不斷追問自己，以判斷出哪個提問是最重要的，而這個最重要的提問，就是難題的本質。

經過小林的提問和分析，找出了「我的招標書怎樣才能做得更好？」這個設問，是最重要且必須解決的問題。

四、答案：給出答案

關注在小林找到的問題本質，我和他一起探討尋找解決方案，例如，編寫招標書有哪些流程和注意事項，以及他需要怎樣做。如果你提出的問題比較複雜，難以一下子就給出解決方案，那麼就需要對此進行更多的原因分析。

SCQA 模型四步驟的應用──以小林為例

- S→穩定的現狀：小林每天正常上班，本職工作是為銷售
  同事製作招標書。希望未來的工作，經理不要再因為招標
  書的事批評他。
- C→改變現狀的問題：經理在同事面前責罵他。
- Q→自我提問：我的招標書怎樣才能做得更好？
- A→給出答案：編寫招標書的流程和注意事項。

　　注意，當問題的原因顯而易見，且在過去的經驗積累中
已有成熟的解決方案時，就沒有必要再用此模型進行分析。

　　然而，當問題非常龐大，龐大到你一動手處理，就會衍
生出無數個枝節時，則需要採用多個 SCQA 模型進行分析。
當我們困在事情中、情緒波動時，或者當事情挑戰了我們的
能力，讓我們抓狂時，都要先冷靜下來，再開始處理。

**難題出現時切忌盲目給出解決方案，這將
事倍功半。**

I
—
重述內容

請簡述 SCQA 模型運用時各個環節的要點。

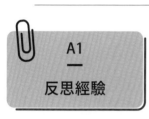

A1
—
反思經驗

回想一下最近讓你感到困惑的一件事，並運用 SCQA 模型找到問題的本質。在自我提問環節，請至少提出十個問題，並對每個問題進行分析。

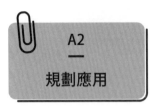

A2
—
規劃應用

情境題：你的朋友抱怨今天老闆「發瘋」了，要她一週之內交一款線上「知識付費」產品的研究調查報告，但實際上她只是公司的企劃人員，這並不是她職責範圍內要做的事。請運用 SCQA 模型幫助她分析，找出問題的本質。

_____

_____

_____

_____

_____

_____

_____

_____

_____

_____

16 豐田五問
如何避免重蹈覆轍、一錯再錯？

　　有一次，我去某家連鎖企業上課，一位高階經理在課堂上分享了一件事。由於要給董事會做特別報告，他要求下屬彙總分析數據，但到了要彙報的前兩天，下屬說：「還沒有整理好，因為好幾家分店還沒把資料交上來。」他問：「你為什麼不催呢？」下屬說：「我催了，但催了幾次都沒用。」他當下就發火了，責罵下屬無能，這點事都做不好。

　　我問：「你對這位下屬的工作能力，評價如何？」

　　經理說：「態度還可以，但跟人打交道的能力不行。所以，如果是自己能完成的工作，她基本上可以做得好。但只要是與其他人合作的，像這件事情，她就搞不定。」

我問：「你覺得問題是『她跟人打交道的能力不行』。那你這樣罵了她一頓，她就行了嗎？」

他想了想說：「應該還是不行，因為她還是不知道該怎麼做。」

我問：「她怎麼做才能從這次的經驗中，學到解決類似問題的方法呢？」

經理想了很久，跟我說：「除非她能想清楚問題的根本原因。要深入思考呀！不能只看問題表面。」

我說：「這麼說是沒錯，那麼你作為她的主管，只是跟她說『要深入思考』，她能不能做到深入思考？你怎麼輔導她具備『找到問題根本原因』的這種能力呢？」

這位經理愣住了。

在職場中，有些人成長得快，五年可以達到別人二十年的成就；有些人成長得慢，每次開同學會都覺得自己抬不起頭。成長慢的人，未必是不努力，而是經常把很多時間和精力都浪費了。這樣的人常常是遇到問題就解決問題，像這個案例，分店不按時提交資料，就只有反覆催促。這樣做有時候無效，有時候有效，但很快又會遇到同一類問題……。

不僅在工作中如此，在生活中也一樣。比如，家庭成員中有矛盾或爭吵是很正常的，然而如果總為同一類事吵架，

不僅非常消耗精力、感情，甚至大家內心中會覺得這些問題根本無法解決，以致陷入絕望的狀態。

有一次，在拆書幫的活動中，一位年輕媽媽說起她和婆婆之間的頭疼事。她的孩子發燒了，她要送去醫院，但婆婆說她這是沒事找事做；婆婆會指責她吃菜把蔥蒜挑出來，說這是不給孩子好榜樣；婆婆甚至會對孩子說她的壞話。她跟婆婆對質過、爭吵過，但都沒什麼用，而這導致她現在極其討厭面對婆婆，想到回家就難受。

很多夥伴給她出主意：怎麼跟婆婆攤牌、如果請婆婆回老家會怎麼樣……，但這些七嘴八舌的主意，都是「頭痛醫頭、腳痛醫腳」的解決辦法，除了讓講述者感受到情感上的支持，並不能真正解決問題。

無論在工作或生活中，成長快的人善於反思，遇到問題能夠找到根源，從而不會把時間、精力耗費在相似的問題上。那麼該怎麼做呢？要找到問題的根源，就要以一種打破砂鍋問到底的態度，反覆探求某一問題的本質。

具體怎麼做呢？用連續追問五個（或更多個）「為什麼」的方法，能有效幫助自己（或促使別人）深入反思問題根源，找到真正需要解決的問題，而這個方法叫做「五問法」（5 why）。

「五問法」源自一本講述精益生產的書，這本書在製造業鼎鼎大名，無人不知、無人不曉，書名叫作《豐田生產方式》[2]，作者是大野耐一，被稱為豐田生產方式之父。因此，「五問法」也稱為「豐田五問」。

　　在《豐田生產方式》一書中有這樣一個例子：

　　一臺機器不轉動了，你就要問：

　　「為什麼機器停了？」

　　「因為負荷超載了，保險絲斷了。」

　　「為什麼負荷超載了呢？」

　　「因為軸承部分的潤滑不夠。」

　　「為什麼潤滑不夠？」

　　「因為潤滑泵吸不上油來。」

　　「為什麼吸不上油來呢？」

　　「因為油泵軸磨損鬆動了。」

　　「為什麼磨損了呢？」

　　「因為沒有安裝篩檢程式，混進了鐵屑。」

　　反覆追問「為什麼」，就會發現，機器需要安裝篩檢程

---

2 《豐田生產方式》（トヨタ生産方式──脫規模の経営をめざして；繁體中文版為《追求超脫規模的經營》），大野耐一著，謝克儉、李穎秋譯（北京：中國鐵道出版社，2014 年）。

式。然而，如果沒有追問到底，只換上保險絲或換上油泵軸就了事，那麼，幾個月以後就會再次發生同樣的故障。

追問「五個為什麼」，聽起來沒什麼神祕的，但大野耐一卻說，這就是他創立的「豐田生產方式」（Toyota Production System，簡稱 TPS）的根基。

全球製造業競相學習的豐田生產方式，最初得以被發現和確立，是因為豐田的管理者在別人覺得已經沒有問題的地方不斷地追問「為什麼」，因為，自問自答五個「為什麼」，就可以查明事情的因果關係，找到隱藏在其背後的「真正原因」。

豐田生產方式影響之大，非製造業的從業者可能難以想像。美國麻省理工學院將其總結為精益生產，說它是「一種不做無用功的精幹型生產系統」。如果我們的人生能夠不做無用功該多好啊！那麼，如何對自己的經驗或體驗（尤其是遇到挫折和問題時）進行反思呢？我們一起來試試看用「五問法」進行反思吧！在第一個案例中，那位資深經理可以用「五問法」這樣追問下屬：

「為什麼那件事還沒做完？」

「因為好多分店都不能及時交資料，我催了好幾次都沒用。」

「為什麼分店的資料不能及時提交？」

「因為收集資料和整理資料很麻煩吧！」

「為什麼他們處理資料這麼麻煩？」

「因為平時都沒有注意處理，所以在做報表時要追溯處理一個季度的資料。」

「為什麼他們平時不處理資料？」

「因為我們沒有要求日常記錄追蹤資料。」

「為什麼我們不要求日常記錄追蹤資料？」

「因為現在的週報表還在沿用前年的格式。」

如此一來，就知道那家連鎖企業的問題：根本原因是分店平時不收集資料，以致臨時抱佛腳的工作量很大。因此，解決問題的方向應該是修改每週工作報表的格式，要求分店每週都要整理並填寫相關資料。

熟練了「五問法」的思路之後，你也可以自問自答，幫助自己把問題想得更深入。就以婆媳問題的例子來說，可以這樣追問：

「為什麼和婆婆會處不好？」

「因為孩子發燒我要帶孩子去醫院，她說我沒事找事做。她還說我吃菜把蔥蒜挑出來是沒給孩子做好榜樣！」

「為什麼她要指責你？」

「因為她就是這麼強勢，什麼都要按照她的意思來。」

「為什麼必須按照她的意思來？」

「因為她覺得自己更有經驗、更有資格，所以更應該說了算吧！」

「為什麼她覺得應該自己說了算？」

「因為她認為自己才是這個家的家長。」

「為什麼她會這麼想？」

「因為我老公從來沒有正面跟他媽談過：『媽媽，我們感謝您來幫忙，但是畢竟這是我們的家，應該由我和我妻子做主。』」

「為什麼你老公沒有跟媽媽談過這些？」

「因為他覺得沒辦法跟媽媽開口。」

「為什麼老公覺得沒辦法開口呢？」

……

如此這樣追問，就會發現本質不在於婆媳矛盾，而在於一家人對家庭順序沒有達成一致的認知。而解決問題的關鍵是丈夫要擔負起自己的責任。如果他認同妻子的觀點，那麼咬牙也要跟自己的媽媽把話說清楚。

強調一下，「五問法」這個工具從精益生產中傳承來的

精神是：**避免浪費，高效解決問題**。分店不按時交資料，反覆催促並不能真正解決問題，治標不治本；婆媳為類似的事情反覆鬧脾氣，有時會吵幾句，丈夫做和事佬兩邊協調，頭痛醫頭、腳痛醫腳，這是浪費精力。藉由追問「為什麼」，找到問題真正的原因，然後對症下藥，這才是真正解決問題的有效做法。

拆為己用

|
重述內容

能否解釋一下,為何追問五個「為什麼」就能避免浪費時間和精力?

_____

_____

A1
反思經驗

回顧你在過去一年中,時間和精力的使用情況,分析有哪些屬於「浪費」?挑出一、兩項來,分別追問和反思。從「為什麼會產生浪費」開始。

_____

_____

_____

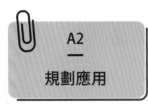

A2
—
規劃應用

情境題：你的朋友抱怨，她花了幾千塊錢買了各種「知識付費」產品，但現在覺得根本沒什麼用。請你試著用「五問法」來幫助她找到真正的問題。把對話寫下來，包括你的提問和她的回答。

_____

_____

_____

_____

_____

_____

_____

_____

_____

17 換位思考訓練法

如何站在更高的角度思考問題？

　　在職場中，我們經常可以聽到老闆、上司對年輕人說，「年輕人做事情很認真，但如果希望事業有更大的發展，思考事情的角度還需要提升一下啊」。話說得特別有道理，但年輕人很難想得明白：怎樣樣才是更高的角度呢？

　　美國管理學大師彼得・杜拉克在《管理的實踐》（*The Practice of Management*；繁體中文版為《彼得・杜拉克的管理聖經》）一書中，描述了三個石匠的故事。有人問三個石匠他們分別在做什麼。第一個石匠回答：「我在養家糊口。」第二個石匠邊敲邊回答：「我在切割石材，我是全國最好的石匠。」第三個石匠仰望天空，目光炯炯有神，說道：「我在為人們建造一座大教堂。」在這個故事裡，

可以發現即便做同樣的事情，三個石匠的思考層次不同、高度不同，自然最後的人生成就也就不同。

有句話說，人若沒有高度，看到的都是雞毛蒜皮；人若有高度，看到的都是美好的未來！

那麼，如何讓我們的思考更有高度呢？一起來看看日本著名管理學家大前研一介紹的「換位思考訓練法」[3]。

換位思考訓練法是個非常簡單的思考力訓練方法，能幫助我們切換到不同層次的思考，得到不一樣的視角，快速提升思考的高度和水準。在《思考的技術》一書中，大前研一回顧自己在一無所知的情況下加入麥肯錫，因此必須比別人加倍努力，其中用到的最重要方法就是思維能力訓練。

結合自己的思維訓練經歷，大前研一發展出非常有效的提問訓練方法是，遇到問題時這樣思考：

・你認為公司應該解決的問題是什麼？

・如果你的職位比現在高兩個層級，為了解決這個問題，首先你會怎麼做？

提高思考問題的層級，會帶來什麼樣不同的結果呢？讓我們舉個例子詳細說明。在同一家公司裡，我們對不同位階

---

3 《思考的技術》(考える技術)，大前研一著，劉錦秀、謝育容譯（北京：中信出版社，2015 年）。

圖 17　換位思考訓練法

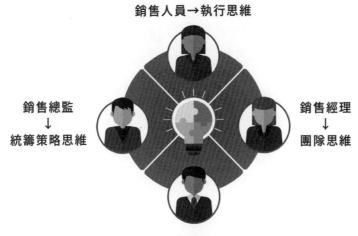

銷售人員→執行思維

銷售總監
↓
統籌策略思維

銷售經理
↓
團隊思維

公司CEO→戰略規劃思維

員工的思考方式做個簡單剖析，看看銷售人員、銷售經理、
銷售總監和公司 CEO，分別是什麼樣的思維模式。

‧**銷售人員 ── 執行思維**：關注在完成具體的銷售任務
和指標。思考的是我要做的事情是什麼？如何開始？
如何結束？

‧**銷售經理 ── 團隊思維**：從做事的人變成管事、管
人的團隊負責人，思考團隊成員特點是什麼？如何建
立一支富有戰鬥力的團隊？如何充分發揮出團隊優
勢？如何幫助團隊成員提高績效？

- **銷售總監——統籌策略思維**：需要更全面思考問題，思考如何落實公司戰略規劃？關注市場的趨勢如何？如何訂定全年目標？採取什麼策略？需要什麼資源以及如何有效配置？如何展開內外部協調？如何預防和處理危機？
- **公司 CEO——戰略規劃思維**：要跳出局部的思考，進入全局、系統思考思維，關注商業模式、產品結構、品牌塑造、營運成本、供應鏈、市場格局變化等。思考更多商業要素組合如何發揮出最大的效益。

誠如所見，我們發現從第一線的銷售人員，到銷售總監，再到公司 CEO，是從做好一件事，到帶領一個部門團隊，再到帶領整個公司，甚至領導一個行業，思考的範圍更大，層次更高。

我把大前研一的提問訓練法歸納整理為「換位思考訓練法」，具體做法就是針對遇到的問題，在「身處位置不變」的情況下，我們可以透過「腦袋換位」的方式，沿著「執行思維→團隊思維→統籌策略思維→戰略規劃思維」的思路，進行更高層次的思考。

現在，讓我們結合情境案例，看看如何切換為不同層級的思考方式。

你是一位行銷團隊成員，目前公司面臨市場銷售瓶頸，「如何快速提升公司行銷收入」成為銷售部門重要的挑戰。針對這個壓力問題，不同層級的解決思路不同：

- **執行思維**：銷售員的思考——如何投入精力維繫目前手頭上的老客戶資源，防止客戶流失，再逐步發展新客戶？
- **團隊思維**：銷售經理的思考——如何啟動現有的銷售團隊，讓不同團隊成員跨部門合作，分別針對新客戶做行銷攻堅，而對老客戶則做好關係維護？
- **策略思維**：總監的思考——如何訂定新的市場策略？如何投入精力和資源重點開發新客戶，或考慮拓展線上銷售管道？
- **戰略思維**：CEO的思考——未來的產業趨勢會如何？如何從其他產業挖掘開發新客戶的市場機會？

面對同樣的問題，在不同的層面其解決思路和方法就有很大的差異，如果我們經常能以更高的位置來思考問題，就會達到更高的思考空間。

正如愛因斯坦所說的，我們無法在製造問題的同一個思維層次上解決問題，所以，我們應該提升思維的層次。我們會發現層次愈低的問題，愈容易解決。一般來說，一個低層

次的問題，在更高的層次裡容易找到解決方法；反之，一個高層次的問題，採用較低層次的解決方法則難以奏效。

最後要說明的是，換位思考訓練法並不是要求我們去幫忙主管分憂，而是透過這種思維訓練方法，提升自我的思考高度，讓我們的思維不受限於自己身處的位置。

所謂「位置決定了腦袋」，其反映了基於特定位置的思考方式，這是靜態的相對觀點；如果用發展、動態變化的眼光來看，就不一樣了。腦袋被認可和欣賞，是腦袋的學習進化，並決定身處的位置變化。藉由提問的訓練，能讓腦袋具有更高的思考高度，如此一來，最終就會改變身處的位置，進而決定我們人生的位置和成就。

重述內容

關於「腦袋決定位置」和「位置決定腦袋」，你有什麼樣
的想法呢？

_____

_____

_____

_____

_____

_____

_____

_____

_____

_____

A1
反思經驗

請思考一下，最近你在工作和生活中遇到了哪些問題（或新的挑戰）？比如：業績下滑，團隊士氣低落；合作對象太強勢，但很不專業；專案預算不足，無法如期推進等等。選擇其中一個實際問題並自問：自己會如何解決？如果從你的上司（甚至更高層級主管）的位置來思考，他們又會如何解決這個問題？

- 問題描述：
- 解決思路
- 我的思路：
- 上司①的思路：
- 上司②的思路：

_____

_____

_____

_____

A2
—
規劃應用

未來的一週請選擇某個主題（如：團隊建設、重點任務、員工培訓等），並嘗試從你上司的角度，用換位思維訓練的方式做深入思考，同時記錄你的思考和想法。

18 迪士尼策略
如何讓工作提案和計畫一次通過？

　　在職場中，每個人都會編寫各式各樣的提案計畫，比如：落實部門某個月指標、進行讀書會解決某個難題等。計畫編寫完成後，提交給上司，等待回覆。這時你多少有些忐忑，想著計畫能一次通過就好了，因為這表示上司認可你的能力、信任你，而這會為你的升職加薪添些籌碼。

　　上週我在培訓現場做了一個小調查，「你向上司提交的工作計畫中，其一次通過率在 80% 以上的，請舉手。」現場三十七人，有十三人舉手；如果你是其中一員，你會舉手嗎？

　　你期待上司一次就通過你寫的計畫，但往往事與願違。然後你去請教職場高手。他們說：「你要把計畫做完善，你

要去揣測老闆的想法。」但你本就是一個不善於察言觀色的人，要猜中老闆的心思？太難了！

　　或者，你知道有個高手對訂定計畫很在行，「如果他能幫我看看我的計畫，提出各種中肯意見，然後我再來修正，這樣我就能讓計畫一次通過了。」可是你和他不熟，他也不見得願意看，即便願意看，也有可能礙於情面難以真正提出批評和指教。

　　那麼該怎麼辦呢？這時，可以試著用「迪士尼策略」[4]，從夢想家、實踐家、評論家的角度來解決這個問題。

什麼是迪士尼策略？

　　華特・迪士尼（Walt Disney）被喻為創意天才，他能憑空創造出各種卡通人物。有創意的人通常思考比較發散、跳躍，卻難以落實想法，而能將事情腳踏實地完成的人，往往又沒有創意。於是迪士尼公司讓不同的人分別扮演「夢想家」（The Dreamer）、「實踐家」（The Realist）和「評論家」（The Critic）來處理問題，從而生產出《湯姆貓與傑利鼠》（*Tom and Jerry*）、《獅子王》（*The Lion King*）等

---

4 《歸屬感》（*Visionary Leadership Skills*），羅伯特・迪爾茨（Robert Dilts）著，龐洋譯（長春：北方婦女兒童出版社，2015 年）。

家喻戶曉的動畫電影。這種處理問題的方式被稱為「迪士尼策略」。迪士尼策略是從 NLP 大師羅伯特・迪爾茨（Robert Dilts）的研究和華特・迪士尼工作過程的策略所發展而來。

在迪士尼策略中，三個角色各司其職：夢想家創造願景；實踐家做出行動；評論家從局外人的角度評估專案。三個角色缺一不可，如果缺少實踐家視角，就無法將想法變為現實；如果只有評論家和夢想家視角，則會陷入糾結；夢想家和實踐家視角可以推動事情前進，但如果沒有評論家視角，想法可能就沒有機會得到完善；而沒有實踐家和夢想家視角在場的評論家，充其量只是一個「攪局者」。

圖 18　迪士尼策略的三種角色

採用迪士尼策略中的三視角提問，找出最佳策略

這三個角色如何展開工作呢？我們來看一組問題。

▶ 夢想家

❶ 你想做什麼？你為什麼想這麼做？目的是什麼？

❷ 這樣做有什麼好處？你要怎樣才能知道得到了這些好處？你期望什麼時候能得到？

❸ 你想要透過實現這個想法，變成誰，或者變成什麼樣子？

▶ 實踐家

❶ 整體目標將於何時完成？

❷ 這個想法具體會怎樣執行？第一步是什麼？

❸ 什麼樣的回饋說明你正在朝著目標前進，或者正在偏離目標？

▶ 評論家

❶ 這個計畫會影響誰？誰能保證計畫可以有效執行？誰會阻礙這一計畫？為什麼？

❷ 在什麼時候、什麼地方你會不想執行這個計畫？

❸ 目前這個計畫缺什麼，或者還有哪些地方是沒有想到的呢？

想要腳踏實地的落實目標，我們的計畫需要完善且有高執行度。工作中常常會有一些新的問題出現，一些新的、從未經歷過的專案要完成，而面對新生事物時通常有很多地方難以考慮周全。此時需要夢想家的視角，**夢想家從「為什麼」（Why）角度提問**，促使決策者想像未來夢想的畫面；將夢想家的想法轉變為現實需要實踐家視角，**實踐家從「怎麼做」（How）的角度提問**，想像有哪些步驟可以實現夢想的畫面；過濾風險、優化流程，需要評論家的視角，**評論家提出假設，思考假如發生問題將會「做什麼」（What）**。

開篇提到的小調查，起因來自一位專案經理，他希望我介紹做投資的人給他，說想請教這方面的知識。

我很好奇，問他：「為什麼要學投資方面的知識？」

他說：「我希望能評估每一個計畫的投資報酬率，讓老闆知道，這個計畫是可以賺錢的。」

他這樣說，我更好奇了，接著問：「投資報酬率高的計畫，老闆一定會同意嗎？」

他想了想說：「也不見得。」

我用夢想家角色接著問他：「這個計畫執行之後，分別可以帶來哪些成果？」

他說：「這個問題我想過，有……。」

接著，我用實踐家角色問：「一個計畫在執行過程中有哪些行動步驟？有哪些需要注意的事項？」

他說：「計畫執行啟動前要成立一個專案小組，團隊成員進行兩次溝通達成共識，有三個里程碑的時間節點……。」

我再用評論家角色問：「你要執行的這個專案計畫，在現在已經寫好的方案裡，還有哪些是沒有想到的？」

他沉默了，過了一會兒才說：「我還真沒想過這個問題。這是一個很好的思路，我要回去看看我的提案，看看還有什麼是我沒有想到的。」

就這樣，評論家角色讓他看到，可以透過查找遺漏的環節來避免問題出現，將改進內容修訂並寫進計畫中，而不一定要學習投資的知識。

評論家視角的正面作用在於使創意、計畫更加完善。有個關於某位老闆的笑話，說該老闆想出一個新點子，他對自己的創新性思維能力相當自豪，但公司的員工說，不過一分鐘，他就又能想出一個點子……，但沒有一個點子能夠讓公司發展起來。這位老闆，就是缺了點實踐精神和評論意識。

那麼，如何運用迪士尼策略執行完善的工作計畫？以下用成立讀書會的計畫舉例。

▶ 夢想家提問

Q：到 2025 年年末時，如果你已經實現你的計畫，你希望讀書會是什麼樣子？

A：我希望公司裡有 15% 的人，能透過讀書會有所收穫，幫助他們解決工作上的問題。

▶ 實踐家提問

Q：為了實現這個夢想，你在 2025 年需要做哪些事情？可以立定哪些里程碑來回饋你的計畫執行情況？

A：第一步，我要找到十位喜歡讀書的同事；第二步，和這些同事一起商議我們如何收集大家的問題；第三步根據收集到的問題，討論有哪些書籍能幫助我們解決這些問題，以及討論用什麼方法讀這些書……。

▶ 評論家提問

Q1：這個計畫的執行有什麼障礙？

A1：難以獲得更多的同事參加。時間久了，公司主管可能就不會那麼支持了。

Q2：會影響誰的利益？會失去什麼？

A2：讀書會如果占用了上班時間，那麼經理們可能不

願意，因為會影響正常工作；如果放在下班後，同事們如果不是發自內心地參加，就會把讀書會當作工作，認為讀書會占用了自己的休息時間。

Q3：你還有什麼沒有考慮到的？

A3：我假設了最初的十位同事明年都不離職，還假設了他們都真正願意一起來籌備讀書會。然而，事實有可能不是這樣的。

三個角色分別完成了提問。我們看到，當事人在發想讀書會願景時，做了最好的假設，但實際上這些預設需要當事人做很多的努力，且還代替同事做了不離職的決定。

現在，我們完成三個步驟，進入夢想家位置（描繪未來），再到實踐家位置（提出計畫），最後到評論家位置（忠言逆耳）。然而此時並沒有結束，還需要依次退回到實踐家的位置，根據評論家提出的疑問完善計畫；再回到夢想家的位置，根據實踐家的具體計畫，更加清晰地描繪未來願景；直到從夢想家、實踐家、評論家三個角度都得到滿意結果為止。最後整理內容，匯總出成立讀書會的計畫。

如果你是獨自使用迪士尼策略，那麼你的三個角色的占比會有一些自然的偏重。比如，你平常喜歡發想，但執行

力不足，表示你偏重夢想家角色，那麼在做計畫時要多用實踐家的問題追問自己。我們剛從大學畢業時，多偏重於這樣的角色。如果你是個踏實的執行者，那麼你要多用夢想家和評論家的問題問自己。如果你看什麼問題都是一種挑剔的眼光，表示你是個完美主義者，這樣的你是偏重評論家角色，那麼做計畫時要多用夢想家和實踐家的角色提問。

當然，你也可以在訂定計畫時，邀請同事、朋友、家人來扮演評論家的角色，幫助你從更多不同的視角來評估你的計畫。

記住，想讓迪士尼策略真正發揮作用，就在於要從三個角色分別提出問題，好讓你獲得嶄新的思考視角，進而重新審視已經做出的計畫是否完善可行。

拆為己用

運用迪士尼策略時，你更偏重哪個角色？請列出三條以上的行為表現。

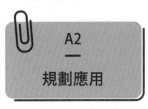

請挑選一個最近已經做好的工作計畫；這個計畫得是一件事情，而非一個有 N 階段事情的計畫。以這個計畫為依據，分別用夢想家、實踐家、評論家的角色向自己提問，找出一個以上需要改善的內容，並按以下格式寫下來。

A. 我的工作計畫名稱是_____

B. 我找到的改善點有_____

C. 讓我找到改善點的問題是_____

D. 這個問題是_____（在夢想家、實踐家、評論家三個角色中挑選一個）

提問思維 : 懂得提問，改變一生──加速自我成長、改善人際關係、啟動
深度思考的 18 種提問訓練 / 趙周、李真、丘恩華著 . -- 初版 . -- 新北市 :
晴好出版事業有限公司出版 : 遠足文化事業股份有限公司發行 , 2025.01
208 面 ; 14.8x21 公分
ISBN 978-626-7528-57-0(平裝)

1.CST: 思維方法 2.CST: 思考 3.CST: 問題導向學習

　176.4　　　　　　　　　　113019399

Business 005

提問思維

懂得提問，改變一生──加速自我成長、改善人際關係、啟動深度思考的 18 種提問訓練

作　　　者｜趙周、李真、丘恩華
封面設計｜木木 Lin
內文排版｜周書宇
特約編輯｜周書宇
校　　　對｜呂佳真
企劃編輯｜黃文慧

出　　　版｜晴好出版事業有限公司
總 編 輯｜黃文慧
副總編輯｜鍾宜君
編　　　輯｜胡雯琳
行銷企劃｜吳孟蓉
地　　　址｜231023 新北市新店區民權路
　　　　　　108-4 號 5 樓
網　　　址｜https://www.facebook.com/
　　　　　　QinghaoBook
電子信箱｜Qinghaobook@gmail.com
電　　　話｜(02) 2516-6892
傳　　　真｜(02) 2516-6891

發　　　行｜遠足文化事業股份有限公司
　　　　　　（讀書共和國出版集團）
地　　　址｜231023 新北市新店區民權路 108-2 號 9 樓
電　　　話｜(02) 2218-1417
傳　　　真｜(02) 2218-1142
電子信箱｜service@bookrep.com.tw
郵政帳號｜19504465
　　　　　　（戶名：遠足文化事業股份有限公司）
客服電話｜0800-221-029
團體訂購｜(02)2218-1717 分機 1124
網　　　址｜www.bookrep.com.tw
法律顧問｜華洋法律事務所／蘇文生律師
印　　　製｜通南印刷

初版一刷｜2025 年 01 月
定　　　價｜380 元

ISBN｜978-626-7528-57-0
EISBN（PDF）｜9786267528525
EISBN（EPUB）｜9786267528518